KAPITALISMUS OHNE WENN UND ABER

*Wohlstand für alle
durch radikale Marktwirtschaft*

Antony P. Mueller

© Antony P. Mueller:
KAPITALISMUS OHNE WENN UND ABER. Wohlstand durch Radikale Marktwirtschaft
November 2021
(revidierte und erweiterte Ausgabe von 2018)
Alle Urheber- und Leistungsschutzrechte sind vorbehalten.
Ausgabe Februar 2021
ISBN: 9781717729033

Inhalt

Vorwort	3
Einleitung	6

I.	Warum dem freien Kapitalismus die Zukunft gehört	9

Kapitalismus und Staat	11
Wozu Kapitalisten gut sind	14
Börse ohne Rätsel	16
Marktwirtschaft ist Tauschwirtschaft	20
Monetäre Unternehmenswirtschaft	27
Gleichheit ist nicht gleich Gerechtigkeit	29
Ursprünge des modernen Kapitalismus	33
Marktprozess und Wettbewerb	37
Massenproduktion	46
Freiheitlicher Kapitalismus	52
Resümee	55

II.	Warum Wirtschaftswachstum gut ist	57

Eine Falle nach der anderen	59
Wirtschaftswachstum braucht Frieden	63
Akkumulation von Kapital und Wissen	68
Ohne Freiheit kein Fortschritt	73
Wirtschaftswachstum schafft Wohlstand	76
Interventionismus	83
Kreative Zerstörung	86
Resümee	91

III.	Warum der Welthandel zu Wohlstand führt	93

Je mehr Handel, desto höher die Produktivität	95
Welthandel bedeutet mehr Innovation	98
Protektionismus ist reaktionär	101
Störfaktor Staat	106

Währungspolitik ist Machtpolitik 110
Zur Mythologie internationaler Finanzkrisen 127
Resümee 135

IV. Ausblick 137
Was auf dem Spiel steht 138
Jenseits von Staat Politik 140
Eine Wende einleiten 145
Zukunftsmodell Anarcho-Kapitalismus 148

Verzeichnis der Tabellen und Schaubilder 151
Kommentiertes Quellenverzeichnis 153
Neuere deutschsprachige Literatur zum Thema
Freiheit und Kapitalismus 156
Weiterführende Literatur 161
Über den Autor 179

Vorwort

„Zuletzt – man kann es mit Sicherheit aussprechen – muss das Misstrauen gegen alles Regierende, die Einsicht in das Nutzlose und Aufreibende dieser kurzathmigen Kämpfe die Menschen zu einem ganz neuen Entschlusse drängen: zur Abschaffung des Staatsbegriffs, zur Aufhebung des Gegensatzes "privat und öffentlich".

Die Privatgesellschaften ziehen Schritt vor Schritt die Staatsgeschäfte in sich hinein: selbst der zäheste Rest, welcher von der alten Arbeit des Regierens übrigbleibt (jene Thätigkeit zum Beispiel welche die Privaten gegen die Privaten sicher stellen soll), wird zu allerletzt einmal durch Privatunternehmer besorgt werden.

Die Missachtung, der Verfall und der Tod des Staates, die Entfesselung der Privatperson (ich hüte mich zu sagen: des Individuums) ist die Consequenz des demokratischen Staatsbegriffes; hier liegt seine Mission. Hat er seine Aufgabe erfüllt – die wie alles Menschliche viel Vernunft und Unvernunft im Schoosse trägt –, sind alle Rückfälle der alten Krankheit überwunden, so wird ein neues Blatt im Fabelbuche der Menschheit entrollt, auf dem man allerlei seltsame Historien und vielleicht auch einiges Gute lesen wird."

Friedrich Wilhelm Nietzsche:
Menschliches, Allzumenschliches (1878) - Kapitel 10.
Achtes Hauptstück:
„Ein Blick auf den Staat" Nr. 472

„Kapitalismus Ohne Wenn und Aber" ist zuerst 2018 erschienen. Mit der vorliegenden 2. Auflage vom November 2021 liegt eine überarbeitete und aktualisiert Ausgabe vor.

Die Thesen in *„Kapitalismus Ohne Wenn und Aber. Wohlstand für alle durch radikale Marktwirtschaft"* haben seit der Ersterscheinung nichts von ihrer Aktualität verloren. Im Gegenteil. Eine Fürsprache zugunsten eines freien Kapitalismus ist noch dringender geworden. Die Grundthese gilt nach vor, dass der Rückzug des Staates und das Ende der Politik den Weg zu Wohlstand und Freiheit eröffnen.

Das gegenwärtige politische und wirtschaftliche System ist unfähig, die Zukunft zu meistern. Die heute vorherrschende sozialdemokratische Ideologie ist auf Beschäftigung und Umverteilung ausgerichtet. Worauf es jedoch ankommt, ist die Produktivität.

Produktivität ist der Schlüssel zum Wohlstand.

Das 21. Jahrhundert wird jenen Ländern gehören, die dem Sozialismus, Demokratismus und Staatskapitalismus den Rücken kehren und sich entschieden in Richtung auf einen Kapitalismus frei von Staat und Politik zubewegen.

Warum das so ist, zeigt dieses Buch.

Die einzelnen Teile behandeln wie die Marktwirtschaft funktioniert, weshalb Wachstum unverzichtbar und wieso der freie Welthandel zu Wohlstand führt. Dabei geht es darum, eingefahrene Vorurteile aufzudecken und wegzuräumen und die Grundstrukturen des freien Kapitalismus herauszuarbeiten. Es gilt, die ideologischen Nebel zu lichten und den Blick auf die Zukunft freizumachen.

Im letzten Teil werden die Wege aufgezeigt, wie eine freie Wirtschaft in einer freien Gesellschaft erreichbar ist. Die zentralen Projekte hierzu sind: die Auswahl der Volksvertreter durch das Zufallsprinzip – „Demarchie" genannt - die Abschaffung der Zentralbank durch ein freies Bankensystem, und die Produktion von Recht und Sicherheit durch private Anbieter.

Diese Neuordnung lässt sich auf friedlichem Weg erreichen. Die freie Gesellschaft braucht keine Revolution und keine Märtyrer. Was nötig ist, ist Einsicht. Dann kann die Politik abgeschafft werden, indem man das Wahlrecht ändert und das Zufallsprinzip bei der Auswahl der Volksvertreter einführt. Die Zentralbank kann neutralisiert werden, indem die Basisgeldmenge festgesetzt wird, wie wenn es einen fixen Goldbestand gebe. Schließlich kann das Justizwesen schrittweise privatisiert werden, indem private Anbieter die Sicherheitsleistungen erbringen.

Die Alternative zur freiheitlichen Wirtschafts- und Gesellschaftsordnung sind Sozialismus und Interventionismus. Beide Wege führen in die Verarmung und zum Staatsbankrott. Wenn diese Kräfte siegen, droht Unterdrückung in einem Ausmaß, das alles aus der Geschichte Bekannte übersteigen würde. Deshalb ist die freiheitliche Alternative mehr als nur eine Option. Die Wirtschafts- und Gesellschaftsordnung der Freiheit ist der einzig verfügbare Weg, um im 21. Jahrhundert Wohlstand und Freiheit zu erhalten und zu mehren.

Ein parteiloses politisches System mit Einführung einer radikal marktwirtschaftlichen Währungsordnung und einer privaten Rechts- und Sicherheitsversorgung würde den Staat als monopolistische Herrschaftsorganisation verschwinden lassen. Eine anarcho-kapitalistische Ordnung (nicht mit Anarchismus zu verwechseln) würde den neuen Technologien den Weg ebnen, um der Lawine öffentlicher Politiken und Regulierungen Einhalt zu bieten und damit das gegenwärtige System zu beseitigen, das so ineffizient, korrupt, ungerecht und in seiner Essenz so undemokratisch ist.

Dieses Buch ist für die Zukunft geschrieben. Während derzeit noch vieles rosig aussieht, werden die dunklen Wolken am Horizont bald zeigen, dass andere Zeiten auf uns zukommen. Es sei nur daran erinnert, dass Deutschlands Wirtschaft seit den 90er Jahren davon profitiert, dass viele andere Länder, vor allem China und die Länder in Osteuropa, sich der Marktwirtschaft hingewendet haben. Es wäre eine große Täuschung zu glauben, Reformen im eigenen Land hätten die gute Konjunktur bewirkt.

Einleitung

In den vergangenen zweihundert Jahren hat Technologie die menschliche Existenz mehr verändert als in den Tausenden von Jahren zuvor. Jetzt werden Innovationen die Welt mehr verändern als in den vergangenen hundert Jahren.

Was mit der Herstellung und den grundlegenden Dienstleistungen geschah, wird anspruchsvolle Arbeitsplätze umfassen. Sichere Arbeitsplätze gehören der Vergangenheit an. Ein Hochschulabschluss dient nicht mehr als Versicherung gegen Arbeitslosigkeit.

Die politische Agenda der modernen Demokratie behauptet, dass die Regierung Arbeitslosigkeit, Wirtschaftskrisen, Rezessionen, Depressionen, Inflation, Deflation und Ungleichheit verhindern und heilen könnte und dass der Staat Bildung, Gesundheitsversorgung und soziale Sicherheit für alle bereitstellen könnte. Die Versprechen von steigenden Einkommen und Beschäftigung dominieren den politischen Wahlkampf. Doch die Politik hat diese Versprechen nie erfüllt. In der kommenden Zeit wird das parteipolitische System seine Ansprüche noch weniger erfüllen.

Die traditionelle Politik funktioniert nicht im neuen Jahrtausend wird sie noch weniger funktionieren wird.

Die richtige Antwort auf die Herausforderungen ist nicht mehr vom Alten, sondern Politik und den Staat zu beseitigen. Wir müssen die konventionelle Wirtschafts- und Sozialpolitik abschaffen. Nicht mehr Sozialstaat und Regierungsintervention sind die Antwort, sondern mehr freier Kapitalismus.

Die neuen Technologien enthalten die Lösung der Probleme, die sie aufwerfen. Während der technologische Fortschritt Berufe zerstört, machen Innovationen die Wirtschaft produktiver. Nicht Wachstum und Arbeitsplätze sind der Schlüssel für die Zukunft, sondern höhere Produktivität.

Die neuen Technologien werden den politischen Apparat obsolet machen und erlauben, die Funktionen der Regierung und der öffentlichen Verwaltung zu privatisieren. Mit dem Ende der Parteipolitik und der monopolistischen Staatsherrschaft fällt eine kolossale finanzielle Last von den Schultern der Bevölkerung. Man stelle sich eine Welt vor, in der die Lebenshaltungskosten nur ein Bruchteil von heute betragen und Steuern und Abgaben nur einen vernachlässigbaren Teil des Einkommens ausmachen.

Wenn die Produktivität so hoch ist, dass sie die Kaufkraft der Gehälter von heute vielfach übersteigt, werden sich die Ängste, die die Menschen um die Arbeitsplatzsicherheit haben, auflösen. Unter einem freien Kapitalismus gibt es weniger feste Stellen, aber diese sind auch gar nicht nötig, weil die hohe Produktivität dafür sorgt, dass man auch mit einer teilweisen Beschäftigung gut leben kann.

Im Gegensatz zu einem System des freien Kapitalismus und einer staatenlosen Gesellschaft ist das gegenwärtige sozialdemokratische Regierungssystem auf mehr Staatsausgaben ausgerichtet und die Staatsverschuldung und die Regulierungen nehmen zu. Das gegenwärtige System führt zu hohen Steuern und immer mehr Sozialabgaben.

Der Endpunkt des bestehenden Systems der Parteiendemokratie ist nicht Stabilität, Wohlstand und Freiheit, sondern Staatsbankrott, Elend und Unterdrückung. Ohne eine Änderung hin zu einer staatslosen und politikfreien Gesellschaft führt der Weg zu einem System, in dem die neuen Technologien tödliche Instrumente zur umfassenden staatlichen Kontrolle in den Händen eines totalitären Regimes werden.

Um einen neuen Totalitarismus zu vermeiden, ist die Antwort mehr Kapitalismus und weniger Politik. Solch eine Ordnung würde die Parteienpolitik durch ein System namens "Demarchie" ersetzen, in dem die Gesetzgeber durch ein Losverfahren bestimmt werden.

Antony P. Mueller

WARUM DEM freien KAPITALISMUS DIE ZUKUNFT GEHÖRT

Kapitalismus und Staat
Wozu Kapitalisten gut sind
Börse ohne Rätsel
Marktwirtschaft ist Tauschwirtschaft
Monetäre Unternehmenswirtschaft
Gleichheit ist nicht gleich Gerechtigkeit
Ursprünge des modernen Kapitalismus
Marktprozess und Wettbewerb
Massenproduktion
Freiheitlicher Kapitalismus
Resümee

Antony P. Mueller

> *"Dass in die Ordnung einer Marktwirtschaft viel mehr Wissen von Tatsachen eingeht, als irgendein einzelner Mensch oder selbst irgendeine Organisation wissen kann, ist der entscheidende Grund, weshalb die Marktwirtschaft mehr leistet als irgendeine andere Wirtschaftsform."*
>
> Friedrich August von Hayek: „Wirtschaft, Wissenschaft und Politik." Antrittsvorlesung am 18. Juni 1962 an der Albert-Ludwigs-Universität Freiburg i.B. (Freiburger Studien, Tübingen 1969, S. 11)

Der Begriff „Kapitalismus" wurde im 19. Jahrhundert als politischer Kampfbegriff erfunden und wird auch noch so gebraucht. Kapitalismus ist aber so alt wie die Menschheit selbst, wenn man dieses Wirtschaften als den Gebrauch von Werkzeugen zur Güterherstellung versteht.

An der Wende vom 18. zum 19. Jahrhundert ist es dazu gekommen, dass der moderne Kapitalismus auf der Basis des Eigentums an Produktionsmitteln als unternehmerische Geldwirtschaft entstand. Das herausragende Kennzeichen des modernen Kapitalismus ist es, dass spezialisierte Firmen gewinnorientiert wirtschaften. Da auf Wettbewerbsmärkten der Gewinn von der Produktivität abhängt, zwingt das System die Firmen zu laufender Kostenkontrolle und zur Innovation. So ist es überall dort zu einer Erhöhung des Wohlstands gekommen, wo sich der moderne Kapitalismus möglichst frei entfalten konnte.

Der moderne Kapitalismus als monetäre Unternehmenswirtschaft zeichnet sich gegenüber den Wirtschaftsformen der Vergangenheit dadurch aus, dass er die Massenarmut lindert und schließlich zum Verschwinden bringt. Im Kapitalismus ist der Kunde und damit ist der Endverbraucher der Dreh-und-Angelpunkt des Systems. In einer Marktwirtschaft sind die tatsächlichen Besitzer eines Wirtschaftsunternehmens nicht die juristischen Eigentümer im formalen Sinn. Den Wert des Eigentums bestimmen die Kunden, je nachdem, ob sie Produkte dieses Unternehmens kaufen oder nicht. Im kapitalistischen Wirtschaftssystem ist alles Wirtschaften auf den Konsumenten hin ausgerichtet. Diejenigen Firmen, die sich den Wünschen des Konsumenten widersetzen und an ihm vorbeiproduzieren, überleben nicht und werden durch andere Firmen ersetzt, welche die Kundenwünsche schneller, genauer und billiger erfassen als die Konkurrenz.

Kapitalismus und Staat

Die Idee der Staatssouveränität kommt in der Neuzeit auf und erlebt im Zeitalter des Absolutismus ihren Höhepunkt. Die theoretische Begründung des modernen Staates, wie bei Thomas Hobbes (1588-1679) in seinem „Leviathan" (1651) dargelegt, besteht darin, dass sich die Untertanen freiwillig der staatlichen Macht unterwerfen. In diesem Modell treibt die Angst vor der Anarchie die Menschen zum Staat. Die Staatsmacht bietet Sicherheit im Gegenzug zur Unterwerfung der „Untertanen" unter den Staat. Was Hobbes jedoch nicht beachtet ist, dass es nicht nur auf Sicherheit ankommt, sondern die Menschen auch Wohlstand und Freiheit suchen. Je mehr in einem Staat die politische Macht dominiert, desto weniger ist Platz für einen freien Kapitalismus und somit für Freiheit und Wohlstand. Hobbes' Staat kann sich nicht ohne laufende Gewaltanwendung erhalten. Anstatt Frieden zu stiften, bringt der Hobbessche Staat Gewalt und Unfrieden. Letztendlich führt die Staatsidolatrie zum Totalitarismus (Benito Mussolini: „Alles für den Staat, nichts außerhalb des Staates, nichts gegen den Staat" am 28. Oktober 1925).

Es gibt heute nur noch wenige Staaten, die umfassend das Privateigentum an Produktionsmitteln verbieten und in denen der Staat die gesamte Wirtschaft in der Hand hat. Unter einem solchen sozialistischen Wirtschaftssystem leiden die Menschen nicht nur materielle Not, es verschwindet auch die individuelle Freiheit. Sozialismus ist mit Wohlstand und Freiheit unvereinbar.

Bis ins 18. Jahrhundert hinein wurde die Entfaltung des Kapitalismus von der Obrigkeit unterdrückt. Auch heute noch ist dieses Wirtschaftssystem durch die politischen Machthaber gefährdet. Als der moderne Kapitalismus seine Leistungsfähigkeit in der industriellen Revolution offenbarte, verbündete sich die Staatsmacht mit dem neuen System und formierte den heute dominierenden Kapitalismus in der Form des Staatskapitalismus. Der freie, „eigentliche" Kapitalismus kommt zur Entfaltung, wenn die Rolle von Staat und Politik minimiert ist.

Echter Kapitalismus ist herrschaftsfreier Kapitalismus. Dieser Kapitalismus ist ein Projekt der Zukunft. Gegenwärtig ist es noch so, dass einige Länder dem kapitalistischen Ideal näherkommen und andere weniger. Kein Land kann aber das Ideal erfüllen. Je intensiver der Wettbewerb auf preisgesteuerten Märkten, je mehr unternehmerische Freiheit und je mehr die Rechtsansprüche auf Privateigentum an

Produktionsmitteln geachtet werden, desto begüterter sind die Menschen in solch einem Land. Das zeigt die geschichtliche Erfahrung. Was bis jetzt galt, wird in Zukunft noch mehr gelten: je mehr ein Land sich dem reinen Kapitalismus annähert, desto wohlhabender wird es.

***

Grundbausteine des modernen Kapitalismus

Privateigentum an Produktionsmitteln

Preisgesteuerte Wettbewerbsmärkte   Privatinitiative

Der moderne Kapitalismus beruht auf der Grundlage des Privateigentums an Produktionsmitteln. „Kapital" in diesem Sinne ist das Kernstück des Kapitalismus. Eigentumsrechte sind zwar eine notwendige Bedingung für das Funktionieren des Kapitalismus, aber für sich allein genommen ist Eigentum nicht ausreichend.

Erst wenn preisgesteuerte Wettbewerbsmärkte hinzukommen und wenn der Privatinitiative Raum eingeräumt wird, funktioniert das kapitalistische System.

Der Kapitalismus ist umso funktionsfähiger, je mehr das Eigentum an Produktionsmitteln gesichert, je mehr Wettbewerb und freie Preisbildung herrschen und je mehr Freiraum für die Privatinitiative besteht.

***

Freiheitlicher Kapitalismus ist dem Kommunismus und Sozialismus entgegengesetzt und auch mit dem Nazismus nicht kompatibel. Ein Leitspruch, wie derjenige der Nationalsozialistischen Deutschen Arbeiterpartei (NSDAP), "Gemeinnutz geht vor Eigennutz" oder das Motto der Hitlerjugend (HJ): „Du bist nichts, Dein Volk ist alles", haben im freien Kapitalismus keinen Platz, da sich in der freien Wirtschaft das Gemeinwohl von selbst ergibt, wenn der Einzelne seine Eigeninteressen möglichst uneingeschränkt verfolgen kann.

Die mächtigsten Institutionen in den sozialistischen Ländern - seien sie nationalsozialistisch oder international-sozialistisch - sind die jeweilige Einheitspartei und das Militär. Alle anderen gesellschaftlichen Einrichtungen, bis zur Familie, haben sich dem Diktat des Systems unterzuordnen. Das Dritte Reich war genauso ein Militärstaat, wie die Sowjetunion einer war.

Die treibende Kraft des kapitalistischen Systems ist die private Initiative. Die historische Erfahrung zeigt, dass überall dort, wo der Marktwirtschaft Raum zur Entfaltung gegeben wird und die Eigentumsrechte gesichert sind, sowie die Bürde der steuerlichen Abgaben gering ist, es zur Blüte des Gemeinwesens gekommen ist. Andererseits findet überall dort, wo die Rechte des Einzelnen eingeschränkt werden und die Privatinitiative durch bürokratische Gängelung unterdrückt wird, wirtschaftlicher, gesellschaftlicher und kultureller Niedergang statt.

Zur wirtschaftlichen Stagnation kommt es dadurch, dass bestehende Firmen durch Reglementierung und hohe Abgabenlasten an Leistungskraft einbüßen. Mehr noch: neue Firmen werden aufgrund der Lasten erst gar nicht gegründet. Die Produktion wird teurer, die Investitionsneigung nimmt ab, und die Innovationsfähigkeit geht zurück. Die Wirtschaft stagniert, die Gesellschaft verarmt.

Wozu Kapitalisten gut sind

Im marktwirtschaftlichen Kapitalismus findet bei jedem Kauf eine Volksabstimmung statt. Mit seiner Entscheidung, dieses und nicht ein anderes Produkt zu erwerben, wählt der Verbraucher zugleich diejenigen aus, die das Produkt herstellen, und damit, welche Firmen und damit welche Unternehmer den Produktionsprozess leiten sollen. Der Stimmzettel im Kapitalismus besteht aus Geld, und das Volk wählt in diesem Sinne seine Kapitalisten. Der Kapitalist ist Eigentümer an Produktionsmitteln. Als solcher stellt der Kapitalist sein Kapital den Kunden zur Verfügung. Diese stimmen bei jedem Kauf der mit diesem Kapital produzierten Güter darüber ab, welchen Wert das Kapital hat.

Die Kapitalisten sorgen dafür, dass der Kapitalstock erhalten bleibt und verbessert wird. Die Kapitaleigner geben Tag für Tag einen großen Teil ihrer Einkünfte dafür aus, dass die bestehende Kapitalstruktur funktioniert. Kaufläden müssen instandgehalten werden, Flugzeuge müssen gewartet werden, Maschinen müssen repariert werden. Für all dies erbringen Kapitalisten Vorleistungen im Vertrauen darauf, dass sich diese Ausgaben lohnen.

Die Kapitalisten tragen sowohl die Vorkosten wie die Risiken, ob die Kapitalgüter später Einkünfte bringen. Der Ertrag kommt aber erst dann, wenn der Endverbraucher das Gut bezahlt. Ob ein Investitionsgut einen wirtschaftlichen Wert hat, hängt davon ab, inwieweit es zur Produktion von Gütern beiträgt, die die Verbraucher haben wollen und kaufen.

Für die Kunden ist es selbstverständlich, im Kaufladen ein reichhaltiges Angebot vorzufinden. Kaum jemand fragt sich, wer es denn sei, der den Laden in Betrieb hält und wer dafür sorgt, dass eine Vielfalt an Gütern zur Auswahl vorliegt. Kaum jemand bedenkt, wie viel Kapital die Kapitalisten dafür vorstrecken. Wird der Kapitalismus abgeschafft, indem Regierung und ihre Bürokratie die Kapitalisten reglementieren, drangsalieren und Unternehmensgewinne konfiszieren, dauert es denn auch nicht lange, bis die Kapitalstruktur zerfällt.

Die großen Vermögen sind in Aktien oder in anderen Formen von Beteiligungen an Firmen angelegt. Reichtum besteht in Kapitalanlagen und nicht in erster Linie im Konsum. Der Reichtum der Besitzer der Aldi Supermarktkette besteht in den Aldi-Läden. Die Familie Albrecht sind die Eigentümer dieser Liegenschaften. Wer aber sind die tatsächlichen Nutznießer? Das sind diejenigen, die in diesen Läden günstig einkaufen.

Es gibt manche Superreiche, die für sich persönlich in materieller Hinsicht ein relativ bescheidenes Leben führen. Ein Teil des Erfolges dieser Menschen kommt gerade daher, sparsam zu sein und nicht zu verschwenden. Selbst ein großes Vermögen kann sich nicht lange halten, wenn es in die Hände von Verschwendern gelangt.

Darüber hinaus ist in der Marktwirtschaft selbst der größte Reichtum durch Innovationen bedroht. Von dem Reichtum der Eisenbahnbarone vom Ende des neunzehnten und zum Beginn des zwanzigsten Jahrhunderts ist heute kaum mehr etwas übriggeblieben.

Im modernen Kapitalismus wird es immer eine Gruppe von Superreichen geben, aber deren Kennzeichen ist es, dass sie sich aus wechselnden Personen zusammensetzt. Dass im Kapitalismus es wieder andere Personen sind, die zu den Superreichen zählen, unterscheidet dieses System von früher. Im Kapitalismus ist es anders als in der vorkapitalistischen Epoche, als Reichtum vor allem in Land bestand und dieses ebenso vererbt wurde wie die Adelstitel und andere soziale Ränge. In der vorkapitalistischen Zeit waren die Reichen mehr oder weniger dieselben Familien. Wer arm geboren wurde, blieb arm.

Wenn man die Liste der Superreichen, die das US-Magazin Forbes regelmäßig veröffentlicht, über einen längeren Zeitraum vergleicht, so gibt es nur wenig Namen, die dauerhaft präsent sind. Mit den Personen ändern sich auch die Sparten, die die Grundlage des Reichtums darstellen. Bis in die 80er Jahre hinein gab es keine Superreichen aus den Branchen Software, Elektronik und Computer so wie heute, weil diese Produktionsbereiche eben erst am Anfang ihres Siegeszuges standen.

Der moderne Kapitalismus ist ein unternehmerischer Kapitalismus, sein Motor ist die Innovation. Innovation bringt laufenden Strukturwandel mit sich, sodass sich Besitzpositionen in diesem System nicht lange halten. Firmen entstehen und verschwinden und mit ihnen wächst und vergeht der Reichtum einzelner Personen und Familien.

Reichtum zeigt sich heute an den Börsenwerten einer Firma. Der Zutritt zum Aktienbesitz ist keinem verschlossen. Wer im rechten Moment zugreift, kann es auch mit geringem Einsatz zu einem Vermögen bringen. Wer weniger Risiko eingehen will, kann über Fonds am Aktienmarkt insgesamt teilnehmen und so an der allgemeinen Wirtschaftsentwicklung als Kapitalist partizipieren.

Der moderne Kapitalismus ist ein Volkskapitalismus. Der sozialistische Traum, dass die Arbeiter selbst zu Eigentümern werden, verwirklicht sich im kapitalistischen System am Aktienmarkt.

Börse ohne Rätsel

Die Börse ist eine zentrale Einrichtung des modernen Kapitalismus. Sie steht am Beginn des modernen monetären Kapitalismus und hat ihre erste Blütezeit in Amsterdam und später in London erlebt. Heute ist New York das Zentrum des globalen Börsenhandels. Die Börse ist ein Handelsplatz und je nachdem, welche Güter gehandelt werden, spricht man von der Rohstoff-, Devisen-, Anleihen- oder Aktienbörse. Börsen sind Märkte, wo sich Angebot und Nachfrage treffen und die Preisbildung stattfindet. Es ist falsch, die Wertpapierpreise mit ihrem Wert zu verwechseln. Ein bestimmter Börsenpreis sagt aus, dass zu einem bestimmten Zeitpunkt Kauf und Verkauf zu einem bestimmten Preis abgewickelt wurden. Was als „Börsenwert" bezeichnet wird, ist kein Wert, sondern ein Preis.

Vom Gesamtbestand an Aktien, Wertpapieren und Rohstoffen steht jeweils nur ein Teil zum Handel an. Es ist also irreführend, vom Tageshandel auf den „Wert" des gesamten Bestandes zu schließen, wie man es zum Beispiel tut, wenn man „den Börsenwert" eines Unternehmens berechnet. Es darf nicht wundern, dass diese Milchmädchenrechnung im nächsten Moment schon wieder hinfällig ist, da sich die Kurse laufend, und zum Teil sehr deutlich auch in kurzer Zeit, ändern.

Der tägliche Blick auf die Kursnotierungen ist sinnvoll, wenn man aktuell kaufen oder verkaufen und einen guten Zeitpunkt dafür nicht verpassen will. Für alle anderen Anleger haben die Notierungen keine Bedeutung. Was zählt, ist die Dividende. Diese dient dazu, den Lebensunterhalt des Anlegers beizutragen, so wie es beim Sparbuch der Zins tut.

Der in der Finanzmarkttheorie tobende Streit zwischen den Vertretern der Effizienzhypothese und den Verhaltenstheoretikern ist nicht zugunsten der einen oder anderen Richtung zu entscheiden. Gegen die Effizienzhypothese ist einzuwenden, dass das Marktgeschehen, da von Menschen betrieben, nicht vollkommen ist, und Märkte nicht mehr und nicht weniger „informationseffizient" sind wie es eben Menschen sein können. Die Marktverhaltenstheorie liegt falsch, wenn sie die Psychologie heranzieht und darauf aufbauend irrationales Verhalten erklären will. Was dem Beobachter als irrational erscheinen mag, muss für den Akteur selbst noch lange nicht irrational sein. Extreme Schwankungen der Kurse zum

Beispiel sind nicht irrational, sondern sie kommen dadurch zustande, wenn es in einem engen Markt zu scharfen Wechseln in der Einschätzung der zukünftigen Ertragslage der Unternehmen kommt.

Die Aktienbörse hat mit den Unternehmensgewinnen und den Gewinnerwartungen einen festen Anker. Um Dividenden auszuschütten, muss das Unternehmen Gewinne erwirtschaften. Der zentrale Bestimmungsgrund des Börsenkurses eines Unternehmens ist die Gewinnlage im Vergleich zu alternativen Anlagen. Welche Höhe der aktuelle Aktienkurs einer Firma hat, hängt somit nicht nur vom einzelnen Unternehmen ab, sondern ergibt sich unter Einbeziehung der Gewinnsituation und Gewinnerwartung anderer Unternehmen und den potenziellen Erträgen und Risiken von alternativen Anlagen, vor allem der Anleihen. Der aktuelle Preis einer Aktie sowie der Stand des Effektenmarktes insgesamt ist das Resultat der Bewertungen der Gesamtlage auf den Finanzmärkten und seiner Einbettung in das nationale und globale Geschehen.

Es ist unmöglich, die Bewegungen einzelner Aktien oder des Aktienmarktes verlässlich vorherzusagen. Derartige Prognosen sind auch gar nicht nötig, denn der Vorteil der Aktienlage besteht darin, am Wachstum der Volkswirtschaft teilzunehmen. Während der Aktienanleger in dieser Hinsicht langfristig positioniert ist, bietet der Aktienhandel an der Börse unmittelbar Liquidität. Anders als zum Beispiel Immobilien, kann man Aktien nicht nur rasch, sondern auch je nach Bedarf in kleiner oder größerer Stückzahl an der Börse in Geld umwandeln.

Berechtigterweise wird der tägliche Aktienhandel als „Sekundärmarkt" bezeichnet im Unterschied zum Markt für Neuemissionen. Sekundärmarkt bedeutet, dass jeweils nur ein Teil der Anlagebestände gehandelt wird. Je nachdem auf welcher Seite – sei es Nachfrage oder Angebot – mehr Dringlichkeit besteht, fallen oder steigen die Kurse. Ist das Angebot knapp und die Nachfrage groß, steigen die Kurse. Wenn die Nachfrage sinkt und das Angebot wächst, fallen die Kurse. Manchmal ist der Markt „dünn", wie man sagt, die „Liquidität" ist gering. Es findet wenig Handel statt. Dann genügt schon der dringende Bedarf weniger Anbieter und Nachfrager und es kommt zu starken Kursausschlägen. Dieses tagtägliche Spiel ist nicht vorhersehbar und wird weder von der Theorie effizienter Finanzmärkte noch von der Verhaltenstheorie erfasst. Es ist das Prinzip des Zufalls, dass das Einzelereignis nicht vorausgesagt werden kann.

Lange Phasen der Hausse (steigende Kurse) und Baisse (fallende Kurse) entstehen, je nachdem ob mehr Geld in den Markt drängt oder mehr Geld den Markt verlässt. Dieser Zu- und Abfluss bestimmt sich danach, ob mehr oder weniger Geld in der Wirtschaft vorhanden ist und welche Anlagealternativen für das Geld bestehen.

Zu den großen Haussebewegungen an den Aktienmärkten mit der Tendenz zur Blasenbildung kommt es, wenn die Notenbank die Volkswirtschaft mit Geld überschwemmt und sich in der Realwirtschaft wenig attraktive Investitionsmöglichkeiten bieten. Zu einer Baisse kommt es, wenn die Liquidität schrumpft oder sich neue Investitionschancen in der Realwirtschaft eröffnen. Dann fehlt es an Geld oder es verbleibt außerhalb der Börse. Wenn bei dieser Lage einzelne Wertpapierinhaber dringend verkaufen wollen, können sie dies nur zu niedrigen Preisen. Es herrscht Börsenflaute. Aus diesem Grund verläuft die Kursbewegung an den Aktienmärkten nicht selten gegenläufig zur tatsächlichen volkswirtschaftlichen Aktivität. Allerdings werden sich die Wertpapierkurse langfristig nicht vom Wachstum der realen Wirtschaft abkoppeln, denn es lohnt sich nur dann, Wertpapiere zu halten, wenn die Dividenden fließen, also Unternehmensgewinne als deren Vorbedingung entstehen.

Mit dem Besitz von Aktien befindet sich der Anleger am Ursprung des Reichtums der kapitalistischen Volkswirtschaft. Andere Ertragsformen hängen vom Reichtum ab, der in der Unternehmenswelt geschaffen wird. Beschäftigung und Einkommen entstehen in und durch die Betriebe. Damit die Banken Sparzinsen zahlen können, müssen sie Erträge durch die Kreditvergabe an Unternehmen und Konsumenten erzielen. Damit der Staat auf seine Anleihen Zinsen zahlen kann, muss er Steuern und Abgaben einnehmen, die von den Gewinnen, den Löhnen und den Umsätzen abhängen. Um Arbeiter und Angestellte zu beschäftigen, müssen die Unternehmen gewinnbringende Geschäfte machen. Für die Staatsausgaben braucht es Staatseinnahmen.

Seit den 1980er Jahren ist es zu einer starken Ausweitung des Anteils der Finanzwirtschaft an der gesamten Volkswirtschaft gekommen. Vor allem in den USA ist dieser Zuwachs sehr deutlich. Es kommt nicht von ungefähr, dass das Wachstum des Finanzsektors mit der starken Ausweitung der Geldmenge und der Zunahme der Staatsschulden zusammenfällt. Was als „Kasinokapitalismus" angeklagt wird, hat Staatsverschuldung und Geldmengenaufblähung zur Grundlage. In dem Maß, wie das Wachstum der Staatsverschuldung und der Geldmenge an ihre Grenzen gelangt, wird es zu einem Rückgang des Anteils des Finanzsektors kommen und sich wohl auch die Kursniveaus an den Wertpapierbörsen entsprechend normalisieren.

Wer dem Aktienmarkt jedoch aus Furcht vor einem Crash fernbleibt, vergisst, dass auch andere Anlagen nicht verlässlich vor Verlusten schützen, wenn das politische und soziale Umfeld ins Chaos stürzt. Letztlich hängt die Rendite aller wirtschaftlichen Anlagen von der Ertragslage der Firmen ab. Die Immobilienpreise steigen zwar nicht immer parallel zum Aktienmarkt, sie können sich aber nicht von der Wirtschaftsleistung der Volkswirtschaft abkoppeln. Im Unterschied zu Aktien sind jedoch Anleihen und Spargelder unmittelbar durch die Inflation gefährdet. Die Anlage in Gold schützt zwar vor Inflation, sie leidet aber darunter, dass Gold im Unterschied zu Dividendentiteln keine laufende Rendite abwirft.

Durch den Besitz von Aktien nimmt man unmittelbare teil am Unternehmensgeschehen, das heißt dort, wo der nationale Reichtum ursprünglich erzeugt wird. Die Erträge aller anderen Anlagen, seien es Anleihen, Immobilien oder Kunst, hängen letztlich von der allgemeinen wirtschaftlichen Leistungsfähigkeit ab, das heißt von der Gewinnsituation der Firmen. Dies gilt auch für die Gesetzliche Altersrenten, die nur insoweit „sicher" sind, wie die Wirtschaft floriert.

Marktwirtschaft ist Tauschwirtschaft

Um den Wohlstand zu erhöhen, benötigt man, erstens, Akkumulation von Kapital, mehr und bessere Werkzeuge; zweitens Erfindungen, d.h. bessere Ideen, wie man die Dinge, die man braucht, herstellen kann; und drittens Handel, um die Spezialisierung von Kapital und Arbeit zu ermöglichen. Wenn diese Faktoren zusammen auftreten, kommt wirtschaftlicher Fortschritt zustande. Die Wirksamkeit eines jeden dieser Faktoren hängt vom Handel ab, das heißt vom Freiheitsgrad des Austausches von Gütern und Dienstleistungen auf Märkten. Massenwohlstand kann nur die Marktwirtschaft hervorbringen, deren Kern freier Marktzutritt ist.

***

Antriebskräfte des Wohlstands

Triebkräfte des Kapitalismus

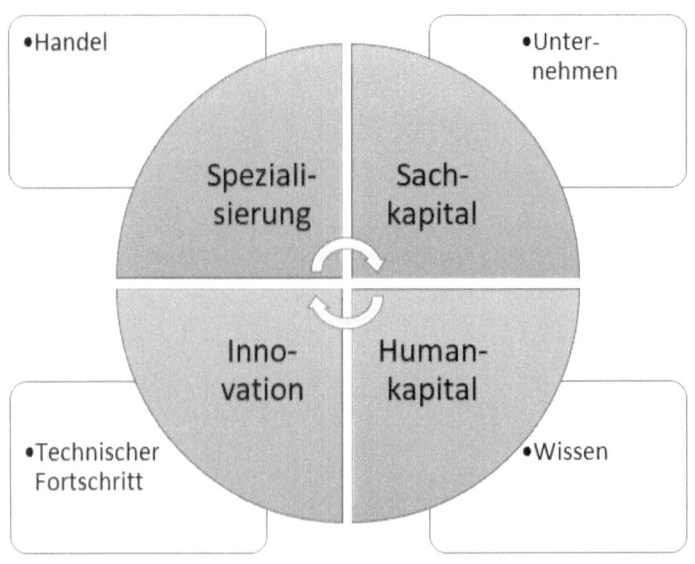

Mehr Wohlstand kommt durch höhere Produktivität zustande. Spezialisierung von Arbeit und Kapital benötigt Handel. Betriebe sind Orte der Spezialisierung von Arbeit und Kapital. Firmen stellen Sachkapital bereit, während die Arbeiter und Angestellten ihr Wissen als Humankapital einbringen. Technischer Fortschritt besteht in neuen Ideen. Diese werden dann wohlstandswirksam, wenn sie als unternehmerische Innovationen realisiert werden.

Alle vier Faktoren sind untereinander verbunden.
Je intensiver der Handel, desto mehr ist Akkumulation von Sachkapital möglich.
Je mehr Sachkapital zur Verfügung steht, umso wirksamer ist das Wissen.
Je größer der Bestand an Sach- und Humankapital, desto mehr kommt es zu Innovationen.
Mit dem technischen Fortschritt wächst seinerseits nun die Produktivität und es steigt der Wohlstand.

***

Je intensiver Handel betrieben wird, desto mehr Spezialisierung ist möglich. Das Potenzial der Spezialisierung wächst mit der Größe des Marktes. Das, was auf der Ebene eines einfachen Tausches innerhalb der Familie und des Ortes beginnt, setzt sich auf regionaler und nationaler Ebene fort, um schließlich den ganzen Globus zu umfassen.

Damit ein Markt sich über die Nachbarschaft hinaus ausdehnen kann, bedarf es des Geldes. Geld ist produktiv, weil es den Austausch von Gütern und Dienstleistungen erleichtert. Ohne Geld wären die Tauschmöglichkeiten begrenzt und damit auch die Spezialisierung und der Grad der Produktivität.

Ohne Geld erfordert der Tauschhandel eine „doppelte Koinzidenz der Wünsche", denn der Anbieter muss nicht nur jemanden finden, der sein Gut erwerben will, sondern dieser Käufer muss zugleich jemand sein, der genau das Gut anbietet, was der Verkäufer im Gegenzug erwerben möchte.

Indem Geld als allgemeines Tausch- und Zahlungsmittel verwendet wird, entfällt diese Begrenztheit der „doppelten Koinzidenz". In der Geldwirtschaft tauscht der jeweilige Produzent sein Gut gegen Geld und gewinnt dadurch Wahlfreiheit im Hinblick auf die Anbieter. Geld ist ein Mittel, das den Güteraustausch erleichtert und so mehr Spezialisierung ermöglicht.

Geld ist produktiv, weil es Spezialisierung ermöglicht und die Spezialisierung die Produktivität erhöht. Darüber hinaus ist Geld ein Mittel, um ökonomisch-rational zu rechnen. Sobald die Produktion über die einfachsten Formen hinausgeht, hilft die Rechnung in Naturalgütern nicht mehr weiter. Man kann nicht Käse, Wein und Pferdefuhrwerke sinnvoll aufaddieren, aber sehr wohl mithilfe ihrer jeweiligen Preise rechnen.

Falsch ist es, dem Geld eine „Wertaufbewahrungsfunktion" zuzuschreiben. Gesamtwirtschaftlich hängt der zukünftige Konsum von der zukünftigen Produktion ab. Die Volkswirtschaft insgesamt kann die Produktion von heute nicht für später „aufheben". Gebäude zerfallen, Maschinen rosten, Nahrungsmittel verderben. Die zukünftigen Lebensumstände hängen von den zukünftigen Umständen der Produktion ab. Dass dem Geld keine Funktion als „Wertaufbewahrung" zukommt, zeigt sich daran, dass die Geldanlage über das Bankensystem dazu genutzt wird, Kredite zu vergeben, und die Kreditnehmer dieses Geld ausgeben.

***

Funktion des Geldes im Güteraustausch

Tauschhandel scheitert an der Notwendigkeit der „doppelten Koinzidenz" der Bedürfnisse

Ohne Geld kommt es zu keinem Gütertausch zwischen A und B und C. Obwohl A das Gut X anbietet, das B nachfragt, hat B nicht das Gut Y, das A zum Tausch wünscht. Desgleichen hat C zwar das Gut Y, das A nachfragt. aber nicht das Gut X, das B nachfragt.
Mit der Einführung von Geld als allgemeines Tauschmittel wird das Problem der sogenannten „doppelten Koinzidenz" gelöst. A verkauft das Gut X an den Nachfrager B, der mit Geld bezahlt. A fragt das Gut Y nach, das C anbietet, und C kann von B das Gut Z erwerben.

Realtausch

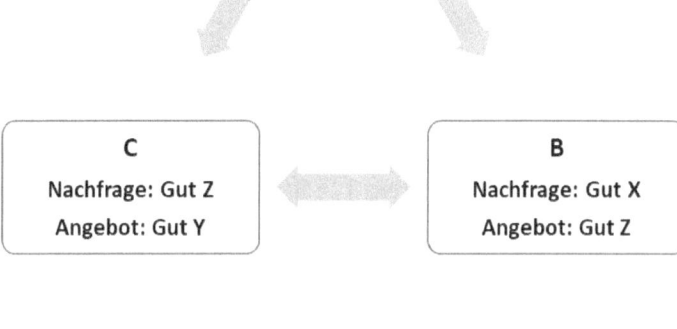

Geldvermittelter Kauf und Verkauf erweitert den Handel

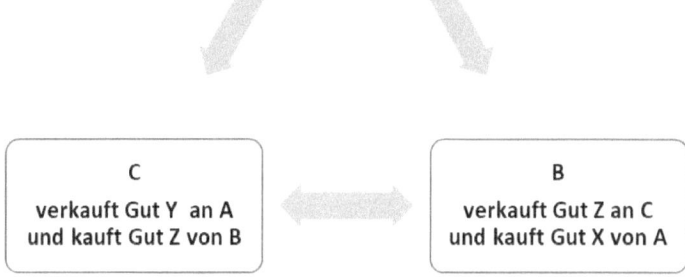

Geld ist in diesem Sinne produktiv. Es ermöglicht und vereinfacht Tauschhandel, der sonst unterbleiben würde. Mit dem Tauschhandel über das Geld entstehen Märkte und auf den Märkten kommt es zur Preisbildung.

Je größer der Markt, desto größer das Potenzial der Spezialisierung. Geld fördert so die Produktivität und damit den Wohlstand.

***

Alle Unterschiede der Rasse oder des Geschlechts und der geografischen Lage verschwinden in Bezug auf die Zeit. Für alle Menschen ist die Tageszeit gleich beschränkt. Keinem Menschen ist es dauerhaft möglich, mehr als acht oder zehn Stunden jeden Tag leistungsfähig zu sein. Mehr Wohlstand durch mehr Arbeit stößt so an eine natürliche Grenze.

Zwar kann die Volkswirtschaft insgesamt durch die Mobilisierung von brachliegenden Arbeitskräften hinzugewinnen, zum Beispiel, indem Frauen in den Arbeitsmarkt integriert werden. Dadurch erhöht sich die nationale Produktion, aber nicht die Produktivität, verstanden als Output pro Kopf. Das Produkt pro Arbeitskraft oder pro Stunde wird nicht gesteigert, wenn mehr Personen arbeiten. Worauf es ankommt, ist der Ausstoß pro Stunde.

Der Ausstoß pro Arbeitskraft und die Stundenproduktivität hängen vom Grad der Spezialisierung ab. Spezialisierung der Arbeitskraft geht dabei Hand in Hand mit der Spezialisierung des Kapitals. Bei geringer Spezialisierung, wenn das Niveau der Arbeitsteilung niedrig ist, ist auch der Bestand an Spezialmaschinen und damit die Spezialisierung des Kapitals niedrig.

Firmen entstehen durch und dienen der Spezialisierung. Je spezialisierter ein Betrieb ist, desto mehr lohnt es sich, Spezialmaschinen und Fachkräfte zu unterhalten. Umso höher ist dementsprechend die Produktivität.

***

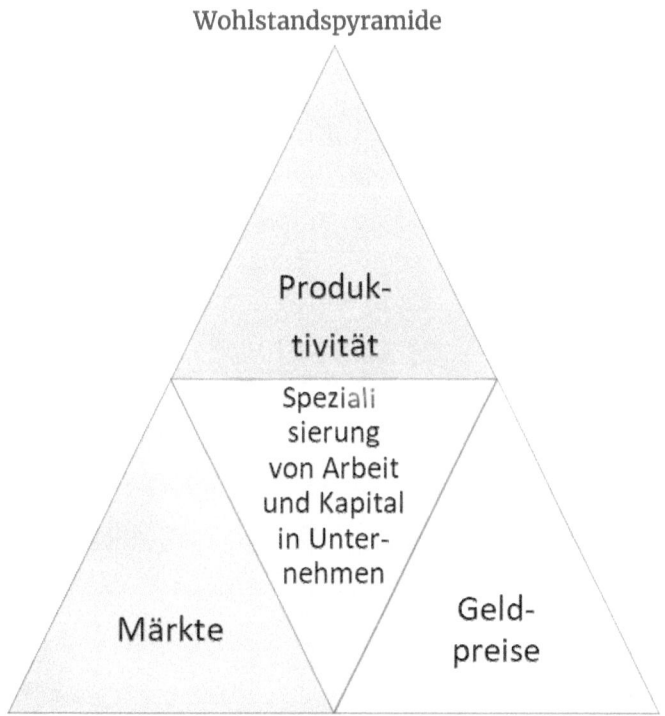

Märkte und Preis ermöglichen Spezialisierung. Die Spezialisierung erhöht die Produktivität und damit den Wohlstand.

Geld ermöglicht die Spezialisierung und das Rechnen mit Preisen auf Märkten. Mit der Produktivität steigt der Wohlstand.

Geld ist produktiv in dem Sinn, dass es Spezialisierung und die Preisrechnung ermöglicht.

Eingriffe, die die Funktion der Märkte stören und das Geldwesen beeinträchtigen, sind deshalb so schädlich, weil sie die Spezialisierung beeinträchtigen und somit die Produktivität mindern und zu Wohlstandverlust führen.

***

Der moderne Kapitalismus ist ein unternehmerischer Kapitalismus. Die Wiege des modernen Kapitalismus liegt in den von Unternehmern geführten Werkstätten als Ort der Kombination von Kapital, Arbeit und Wissen. Betriebe sind die Quelle der Produktivität und damit des Wohlstandes. Das herausragende Kennzeichen des modernen Kapitalismus, so wie er sich seit Beginn der industriellen Revolution herausgebildet hat, ist die Verbreitung von privaten Firmen bis in die letzten Winkel der Erde.

Monetäre Unternehmenswirtschaft

Wenn man dem Begriff Kapitalismus einen spezifischen Sinn geben will, dann geht es um gewinnorientiert Firmen. Im Unterschied zu allen vorangegangenen Wirtschaftsformen, bringt der moderne Kapitalismus nicht nur Großunternehmen hervor, sondern es entstehen in noch größerem Umfang Mittel-, Klein- und Kleinstbetriebe.

Die Marxisten lagen mit ihrer Prognose, dass der Kapitalismus zu mehr Proletariern und weniger Kapitalisten führe, völlig daneben. Ein breiter Mittelstand ist das Kennzeichen des modernen Kapitalismus. Wenn die Mittelschicht klein ist oder schrumpft, ist das ein Anzeichen, dass mit dem Kapitalismus dieses Landes etwas nicht stimmt.

Das Kennzeichen der modernen Unternehmenswirtschaft ist, dass die Wirtschaftsunternehmen sowohl in Konkurrenz als auch in Kooperation miteinander verbunden sind. Die moderne Wirtschaft stellt ein Netzwerk aus spezialisierten Einheiten dar. Je komplexer oder umso dichter dieses Netzwerk ist, desto höher ist der Grad der möglichen Spezialisierung und dementsprechend die Produktivität.

Die einzelnen Firmen stehen untereinander im Wettbewerb, um die besten Produkte möglichst kostengünstig zu produzieren, denn so kann eine Firma einen Gewinn erzielen. Dieses Ziel erreicht eine Firma, wenn es mit anderen Firmen kooperiert, das heißt, sich in das Geflecht der Spezialisierung und des Gütertausches einbettet. Kapitalismus ist Kooperation. Diese zeigt sich innerhalb der Firma durch die Zusammenarbeit der Belegschaft. Aber auch zwischen den verschiedenen Firmen ist Vernetzung die Regel. Je mehr ein einzelner Betrieb spezialisiert ist, desto mehr ist es auf Zulieferer angewiesen. Zusammenarbeit schließt dabei den Wettbewerb nicht aus.

Konkurrenz beinhaltet in der Marktwirtschaft zweierlei. Wettbewerb heißt erstens freier Marktzutritt. Zweitens bedeutet Wettbewerb, dass Unternehmen Sondergewinne durch Innovation erzielen können, dass also beständig der Anreiz besteht, das Angebot zu verbessern und neue Güter und Dienstleistungen anzubieten. Wenn diese Bedingungen herrschen, sind Monopole nicht nur unschädlich, sondern erfüllen als Träger der Innovation eine wichtige Rolle im wirtschaftlichen Fortschritt. „Wettbewerbspolitik" ist überflüssig, je mehr freier Marktzutritt herrscht.

Die moderne Wirtschaft ist eine monetäre Ökonomie. Man kann den modernen Kapitalismus in diesem Sinne als „unternehmerische Geldwirtschaft" oder „monetäre Unternehmenswirtschaft" bezeichnen. Das Unternehmerische kennzeichnet dabei nicht nur die Bedeutung von Firmen als Wirtschaftseinheit, sondern vor allem als Triebfeder des wirtschaftlichen Fortschritts, der in der Akkumulation von Kapital und in der Innovation besteht.

***

Die unternehmerische Geldwirtschaft hat die Welt vollständig umgestaltet und den Wohlstand neu verteilt. Die größten Nutznießer des modernen Kapitalismus waren dabei die einfachen Leute. In den fortgeschrittenen Industriegesellschaften übertrumpft der Lebensstandard einer Familie mit durchschnittlichem Einkommen das Niveau der königlichen Familien der Vergangenheit. Im modernen Kapitalismus findet der Arbeiter bessere Lebensbedingungen vor als die Könige der Vergangenheit. Elektrizität, Kühlschrank, Waschmaschine, Fernseher, Telefon und Auto gelten heute als selbstverständlich.

Fortschritt betrifft aber nicht nur die materiellen Dinge, sondern auch die Freizeit. Im Gegensatz zur Gegenwart war früher die Freizeit für viele Menschen nicht bloß rar, sondern auch wertlos, da es kaum etwas gab, wofür man sie nutzen konnte.

Heute besteht ein erheblicher Teil der Wirtschaftsleistung einer fortgeschrittenen Volkswirtschaft in der Produktion von Freizeitgütern. Der Kapitalismus schafft nicht nur materiellen Wohlstand, sondern durch den Rückgang der Arbeitszeit auch eines der wertvollsten Güter überhaupt: Genuss von Muse.

Gleichheit ist nicht gleich Gerechtigkeit

Die moderne Glücksforschung hat gezeigt, dass der größte Effekt auf die Zunahme von Wohlbefinden aufgrund steigender Einkommen im Bereich der unteren und mittleren Einkommensklassen stattfindet. Sobald jemand auf der Einkommensskala in das Niveau der Mittelklasse und der gehobenen Mittelschicht gelangt ist, sind von dort aus weitere Einkommenszuwächse mit einem deutlich geringer werdenden Zuwachs an Glücksgefühlen verbunden.

***

Persönliches Wohlbefinden und Einkommenshöhe

Gemäß den Ergebnissen der Glücksforschung von Jason Schnittker von der Universität Pennsylvania nimmt bei allen Kategorien des „Wohlbefindens" der marginale Einfluss des Einkommens mit seiner Höhe ab.

Zusammenhang zwischen Wohlbefinden (Index) und Einkommen (reales Familieneinkommen in US-Dollar) für die USA

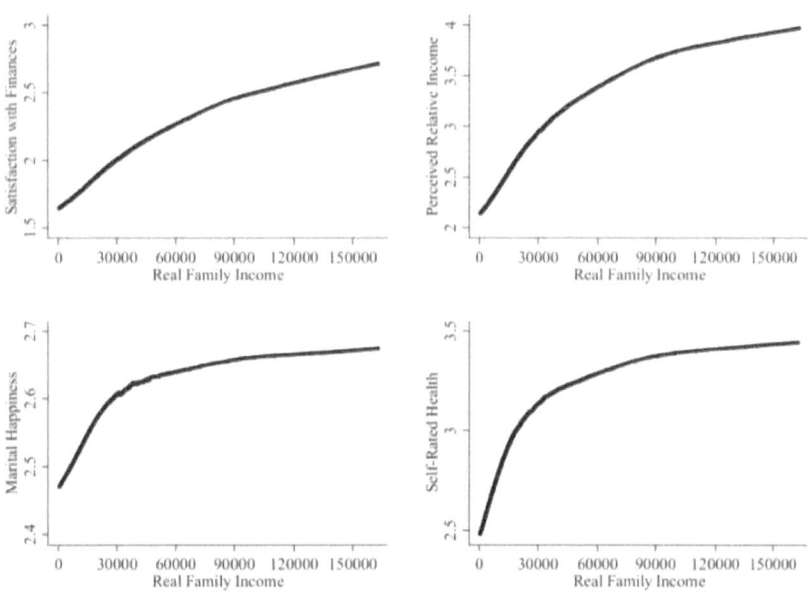

Quelle: Jason Schnittker, Diagnosing our national disease: Trends in income and happiness, 1973 to 2004, American Sociological Association.

Am stärksten ausgeprägt ist dieses Ergebnis in den Kategorien „Eheglück" (Grafik unten links) und „Selbst erklärter Gesundheitszustand" (rechts unten).

Weniger ausgeprägt geht die marginale Zuwachsrate für „Zufriedenheit mit der finanziellen Situation" (oben links) und die Einschätzung des relativen Einkommens (oben rechts) zurück.

Weitere Forschungsarbeiten belegen, dass Amerikas Superreiche nur marginal und keineswegs alle, zufriedener sind als die Durchschnittsamerikaner.

***

Der wirtschaftliche Aufstieg von keinem Bett zu einem Bett ist eben gewichtiger als die Möglichkeit in einem Haus mit mehreren Schlafzimmern zu wohnen. Der Zweitfernseher im Haus hat subjektiv einen geringeren Wert als der erste. Dem Hunger zu entkommen, hat einen ungleich größeren individuellen Nutzen, als sich eine doppelte Mahlzeit leisten zu können.

Die Rate der Zunahme des Glücks sinkt also pro Geldeinheit, je mehr der materielle Reichtum steigt. Der Millionär oder der Milliardär ist im Vergleich zum Durchschnittsverdiener nicht millionenfach oder milliardenfach glücklicher.

Es kommt bei der Diskussion um Gleichheit und Ungleichheit der Vermögen und Einkommen weniger darauf an, was die Superreichen im Vergleich zum Durchschnitt verdienen und besitzen, sondern der Kern des Problems besteht darin, die Armut zu verringern. Gerade in der Verbesserung des Schicksals der Armen hat der moderne Kapitalismus seine größten Triumphe erzielt.

Der Rückgang der extremen Armut ist dadurch zustande gekommen, dass sich mehr Länder der kapitalistischen Wirtschaftsordnung zuwandten, wie es seit den 90er Jahren in China und in Osteuropa geschehen ist. Im Verlauf dieser Entwicklung sind weltweit die Einkommen gestiegen und auch seine Verteilung hat sich verbreitert. War vor dem Siegeszug der monetären Unternehmenswirtschaft die Mehrheit der Menschen eines Landes arm, so ist es heute in den Industrieländern eine Minderheit. Selbst diese Armen besitzen dabei im Allgemeinen noch einen höheren Wohlstand als früher die reichen Gesellschaftsschichten.

Extreme Armut

Während vor der industriellen Revolution rund 95 % der Weltbevölkerung in extremer Armut lebten, sank diese Zahl bis 2015 auf unter 10 %. Diese Entwicklung kam dadurch zustande, dass mehr Länder das kapitalistische Wirtschaftssystem übernahmen.

In unserer Zeit ist das der Fall mit China, wo die extreme Armut umso mehr zurückgeht, je kapitalistischer das Land wird. Eine ähnliche Entwicklung zeichnet sich in Indien ab. Dort herrschte zwar kein Kommunismus, aber bis vor kurzem dominierte dort der Entwicklungssozialismus, in dem die Regierung starken Einfluss auf die Wirtschaft ausübte und das Land mit einem Netzwerk von staatlichen Interventionen überzog und die Privatinitiative lähmte.

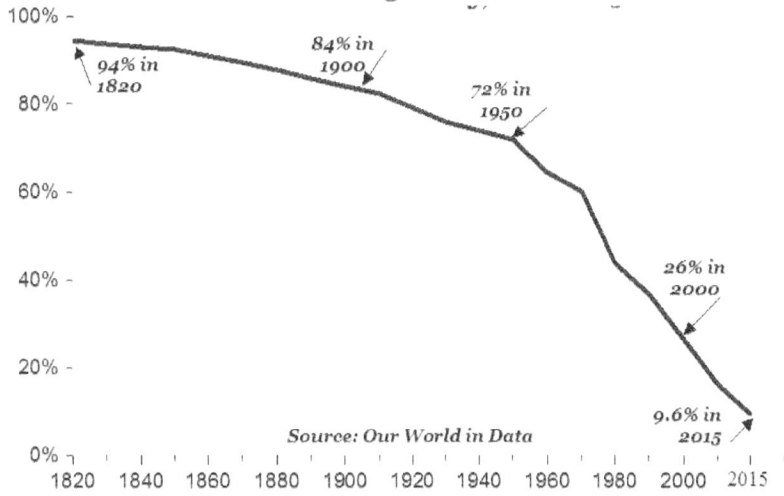

Quelle: Our World in Data. American Enterprise Institute (AEI)

***

Die Tatsache, dass ab einem Einkommen, das etwa der gehobenen Mittelklasse entspricht, mehr Geld zu keiner deutlichen Steigerung des Glücks beiträgt, sondern anderen Motiven, zum Beispiel der Selbstdarstellung oder Selbstverwirklichung dient, bedeutet, dass man der

Ungleichheit nicht zu viel Bedeutung beimessen sollte. Der entscheidende Punkt besteht darin, dass es bei einem kapitalistischen Wirtschaftssystem den Armen bessergeht.

Je mehr in einem Land echter Kapitalismus herrscht, desto mehr entsteht eine breite Mittelschicht und desto geringer ist die Anzahl der Personen, die in „extremer Armut" leben.

Ursprünge des modernen Kapitalismus

Der Start zum modernen Kapitalismus fand gegen Ende des 18. Jahrhunderts statt. Die Grundlagen zur industriellen Revolution wurden aber schon vorher gelegt. Die bahnbrechende Erfindung, die den Grundstein zur modernen Welt legen sollte, war neben der Beschreibung der Prinzipien der doppelten Buchführung durch Luca Pacioli im Jahre 1494 die Erfindung der Druckerpresse mit beweglichen Lettern, die 1450 von Johannes Gutenberg in Mainz erfunden wurde.

Die doppelte Buchführung förderte die rationale Geschäftsführung und mit der Druckerpresse war es von nun an möglich, Ideen zu einem Bruchteil der alten Kosten den Interessierten schnell zugänglich zu machen. Bis dahin war Lesen und Schreiben ein Privileg, das dem oberen Klerus und hohen Beamten vorbehalten war, die damit eine umfassende Kontrolle über das Denken ihrer Zeit ausüben konnten. Der erschwingliche Zugang zur Lektüre machte es für das breite Volk erst lohnend, das Lesen zu lernen.

Zur Verbreitung des Schrifttums leistete die 1517 mit Luthers Thesenanschlag in Wittenberg einsetzende Reformation einen wichtigen Beitrag. Das Interesse an Lesen nahm zu, da die Reformation die Bibellektüre zur Christenpflicht machte. Es kam dabei hinzu, dass Europa in den Jahrhunderten vor der Reformation im Unterschied zu anderen Regionen der Welt geistig durch das Kirchenlatein eine Einheit darstellte, politisch aber aus einer Vielzahl von Teilen bestand. Vor allem die Städte spielten als autonome politische Institutionen eine große Rolle.

Bücher, Pamphlete und Artikel über Gott und die Welt konnten sich als Produkte der Druckerpresse deshalb in Europa rasch verbreiten, weil es keine Zentralregierung gleich dem chinesischen Kaiser oder dem Sultanat der islamischen Welt gab, die das unterdrücken konnten, was ihre Herrschaft zu gefährden schien. Die Versuche, Schriftgut zu kontrollieren und die moderne Druckerpresse einfach zu verbieten, scheiterten in Europe – im Gegensatz zu anderen Regionen der Welt, wo Zensur herrschte und die nun geistig und bald darauf auch wirtschaftlich relativ gegenüber Europa drastisch zurückfielen.

Für den wirtschaftlichen, technischen und wissenschaftlichen Fortschritt kommt es darauf an, dass neue Ideen entstehen. Genauso wichtig ist, dass die Ideen schnell und weit verbreitet werden. Die Erfindung der Druckerpresse ermöglichte dies nun.

Mit beweglichen Lettern war es möglich, rasch und relativ billig Schriften zu verbreiten. Neue Ideen blieben nicht länger auf kleine Kreise beschränkt, sondern verbreiteten sich von nun an über den gesamten Kontinent. In Europe gingen von da an Erfindung und Entdeckung Hand in Hand mit der raschen Verbreitung der neuen Erkenntnisse.

***

Verbreitung der Druckerpresse im 15. Jahrhundert – ausgehend von Mainz (1450)

Standorte von Druckerpressen 1470

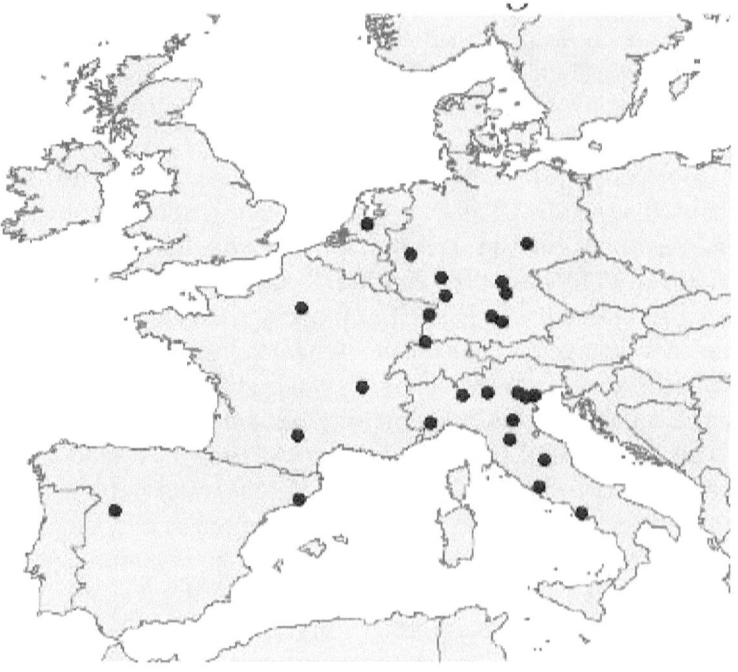

Quelle: Economist's View: The Spread of Technology. The Printing Press. 2011

Standorte von Druckerpressen
1500

Quelle: Economist's View: The Spread of Technology. The Printing Press. 2011
http://economistsview.typepad.com/economistsview/2011/02/the-spread-of-technology-the-printing-press.html

***

Druckerpresse und Alphabetisierung führten zur Aufklärung und zur wissenschaftlichen Revolution des 17. Jahrhunderts. Ab dem 15. Jahrhundert begann der wirtschaftliche Aufstieg Europas und bereitete den modernen Kapitalismus vor. Leitend hierfür war die Idee von Wettbewerb und Innovation zusammen mit der Idee der Aufklärung, dem Schutz der einzelnen Person und seines Eigentums.

Die geistige Grundlage des modernen Kapitalismus, die in den drei Jahrhunderten vor der industriellen Revolution Gestalt annahm, bestand aus der Triade von Markt, Alphabetisierung und Geistesfreiheit. Es entstanden Bewegungen zur Breitenbildung. Das wissenschaftliche Denken als logische und experimentelle Vorgehensweise konnte sich so die Bahn brechen. Die Aufklärung machte das eigenständige Denken zu ihrem Grundpfeiler.

Der Kapitalismus wurde nicht von oben eingepflanzt, sondern er entstand aus der praktischen Lebenswirklichkeit heraus als spontane Ordnung. Der moderne Kapitalismus erblühte dort, wo sich die Privatinitiative möglichst ungehemmt entfalten konnte.

Die monetäre Unternehmenswirtschaft erwuchs aus dem Volk. Es waren Bastler, Handwerker, Händler und Ingenieure, welche die ersten industriellen Maschinen bauten und Massenprodukte erfanden, Firmen gründeten und Fabrikherren wurden - angefangen mit Thomas Newcomen (1664-1729), dem Erfinder der Dampfmaschine (1712), Friedrich Krupp (1787-1826) und Werner von Siemens (1816-1892) bis zu Gottlieb Daimler (1834-1900) und Thomas Edison (1847-1936), dem Erfinder der nutzbaren Glühbirne (1880).

Der Unternehmer ist derjenige, der die Dynamik des Kapitalismus repräsentiert. Die fundamentale unternehmerische Leistung besteht in der Durchsetzung von Innovationen. Im Unterschied zum Management- und Ingenieurwissen kann Unternehmertum nicht gelehrt werden. Es geht beim unternehmerischen Handeln darum, gegen die Konvention zu verstoßen, das Gewohnte zu verlassen und das Neue zum Durchbruch zu bringen. Im Sozialismus gibt es für diesen Typus keinen Platz.

***

Die Entdeckung von Gold und Silber in Amerika trug dazu bei, dass sich die monetäre Seite des Kapitalismus entfalten konnte. Die Erfindung der doppelten Buchführung in Italien im 15. Jahrhundert inspirierte das moderne mathematische Denken und lieferte der Unternehmensführung ein zentrales Steuerungsinstrument. Von den Städten ausgehend entstand ein europaweit vernetztes Zahlungs- und Kreditsystem.

Diese Entwicklungen geschahen spontan, lokal und ohne Zentralgewalt. Als solches waren sie nicht das Ergebnis der Gesetzgebung, sondern diese einzelnen Bereiche, zum Beispiel der Fernhandel, entwickelten ihre eigenen Rechtsgrundlagen, ihr eigenes Regelwerk und eine eigene Kaufmanns-Ethik. Der moderne Kapitalismus entstand nicht in und durch den Staat, sondern er entsteht und entwickelt sich neben dem Staat, gleichsam als Parallelgesellschaft.

Marktprozess und Wettbewerb

Der Kapitalismus beruht auf Sondereigentum an Produktionsmitteln. Dabei gilt, dass dieses Privateigentum umso mehr der Gemeinschaft dient, je intensiver Wettbewerb herrscht. Wettbewerb funktioniert als Kontrolle über das Eigentum. Je mehr Wettbewerb herrscht, desto weniger ist es nötig, dass die Regierung in das Eigentum eingreift.

***

Nutzen, Wert und Preis

Der Nutzen ist subjektiv und so von Person zu Person unterschiedlich. Gütereinheiten mit objektiv denselben Eigenschaften besitzen für ein Wirtschaftssubjekt unterschiedlichen Nutzen pro Einheit je nach der Menge, über die verfügt wird. Dieses „Sättigungsgesetz", wonach bei einem Konsumakt die jeweils nachfolgende Einheit einen abnehmenden Grenznutzen stiftet, bis der marginale Nutzen am Sättigungspunkt vollständig verschwindet, wurde bereits bei Hermann Heinrich Gossen (1810-1858) im Jahre 1854 formuliert.

Die Bereitschaft, einen bestimmten Preis für ein Gut zu zahlen, hängt vom Grenznutzen der letzten Einheit ab. Obwohl Wasser überlebensnotwendig ist, ist der Preis pro Einheit niedrig, solange genügend weitere Einheiten verfügbar sind, um den jeweiligen Bedarf an Wasser zu stillen.

Der Preis, den ein Wirtschaftssubjekt zu zahlen bereit ist, hängt nicht vom absoluten Nutzen ab, sondern vom Grenznutzen, der sich nach der Zahl der verfügbaren Einheiten bestimmt.

Nutzentheoretisch ist es deshalb unzulässig, vom Gesamtnutzen auf den Preis zu schließen oder gar die Vergesellschaftung der Produktion bestimmter Güter damit zu begründen, dass diese unverzichtbar für das menschliche Überleben seien.

Der gleiche Zusammenhang gilt für die Produktion. Der Wert des Beitrags eines Produktionsfaktors zur Herstellung eines Gutes bestimmt sich nach seinen Opportunitätskosten, d.h. danach, inwieweit sein marginaler Beitrag substituierbar ist. Dies erklärt, dass zum Beispiel der Lohn für eine Tätigkeit nicht davon abhängt, wie aufwendig der Erwerb dieser Fähigkeit ist oder war, sondern inwieweit die Tätigkeit für den gegenwärtigen Produktionsprozess substituierbar ist oder nicht.

Präferenz-Rangfolge und Nutzen

Da man dasselbe Gut auf unterschiedliche Weisen verwenden kann, ist die Nutzenstiftung je nach den Verwendungszwecken des Gutes unterschiedlich.

Generell gilt, dass die Wertschätzung eines Gutes, über die ein Wirtschaftssubjekt verfügt, von der letzten Einheit dieses Gutes in der Rangfolge bestimmt wird. So zeigt Eugen von Böhm-Bawerk (1851-1914) am Beispiel von fünf Säcken Getreide objektiv gleicher Qualität auf, dass der Nutzen jedes einzelnen Sackes je nach der Dringlichkeit der Bedürfnisse unterschiedlich bewertet wird.

Beispielsweise verfügt Robinson Crusoe über 5 Sack Getreide. Er bringt diese nach seiner subjektiven Nutzenschätzung in die Rangfolge. Demnach dient ihm die erste Einheit, um Brot als Grundnahrungsmittel herzustellen; das Getreide des zweiten Sackes dient dazu, um sich Kuchen zu gönnen; das des dritten Sackes, um seine Hühner zu füttern und das des vierten Sackes, um Schnaps zu brennen, während der fünfte Sack Getreide dazu genutzt wird, um seinen Papagei als Haustier zu unterhalten.

Gemäß der Grenznutzentheorie folgt, dass der Nutzen der fünf Sack Getreide sich nach dem Wert des letzten Sackes auf der Rangfolge richtet. Es wäre somit irrig anzunehmen, dass das Getreide im ersten Sack auf der Rangfolge, weil er der Existenzsicherung dient, den größten Wert hätte. Diese Überlegung vernachlässigt, dass die Inhalte der Säcke identisch sind und deshalb untereinander völlig austauschbar.

Wenn zum Beispiel das Getreide des für die Grundnahrung vorgesehenen Sackes auf Platz eins der Rangordnung verdirbt, kann ohne weiteres das Getreide des letzten Sackes an seine Stelle nachrücken und als Substitut dienen. Das kann so weitergehen, bis beispielsweise nur noch ein Sack zur Verfügung steht. Demnach ist der Wert eines Sackes an Getreide jeweils durch die letzte Einheit auf der Rangfolge, die ein Wirtschaftssubjekt denselben Gütereinheiten zuweist, bestimmt.

***

Wettbewerb dient der Allgemeinheit. Je mehr wirtschaftlicher Wettbewerb herrscht, desto geringer die Chance, Wirtschaftsmacht auszunutzen. Der Wettbewerb und das Privateigentum verlieren ihren Sinn, wenn der Marktzutritt beschränkt wird. Dies war vor der industriellen Revolution der Fall. Die Herrscher gewährten Monopole, um ihre Macht abzusichern und für sich Reichtum zu erwerben. Wenn der Staat solche Monopole gewährt, verliert das Eigentum seinen kapitalistischen Sinn und wird zur Domäne. Es handelt sich hier nicht um Kapitalismus, sondern um Feudalismus, Pfründe-Wirtschaft oder Staatskapitalismus.

Das Eigentum erlaubt Initiative, motiviert zur laufenden Anpassung und gewährleistet den Anreiz zur Kostenkontrolle und Innovation. Eigentumsrechte, richtig verstanden, beginnen mit der eigenen Person. Ein Minimalstaat in diesem Sinne ist so stets ein Rechtsstaat, da er die Rechte des Einzelnen als Ausgangsprinzip hat.

Der Wert eines Gutes ist nicht objektiv feststellbar, sondern bestimmt sich individuell und subjektiv je nach der Situation, in der sich der Einzelne befindet. Der relative Wert eines Gutes ist nicht fix, sondern wird laufend neu bewertet. Eine Mahlzeit hat einen anderen Wert, je nachdem, ob man Hunger hat oder satt ist. Ein bestimmtes Medikament ist für die eine Person überlebensnotwendig, für jemand anders aber völlig nutzlos.

Entsprechend der individuellen Nutzenschätzung gestaltet sich die Zahlungsbereitschaft. In der Marktwirtschaft steht der einzelne Konsument im Zentrum des Systems. Seine Wünsche und Präferenzen dienen als Input, um die Struktur des Produktionsapparats zu gestalten.

Die Unternehmer müssen im Auftrag des Kunden handeln, um Gewinn zu erzielen, wobei im volkswirtschaftlichen Sinn der Endverbraucher den ultimativen Kunden darstellt. Es liegt auf der Hand, dass das System am besten funktioniert, wenn es ohne verzerrende Eingriffe arbeitet. Dies ist der Sinn des Laissez-faire-Prinzips. Eine Laissez-faire-Wirtschaft ist eine Wirtschaft, in der Freiraum für die private Initiative besteht. Die Idee des „Laissez-faire" ist nicht „Lass es sein", sondern vielmehr „Lass-uns-es-tun". Als solches bezieht sich der Spruch auf die Rolle der Unternehmer, die Konsumentenwünsche zu befriedigen, ohne eine staatliche Zustimmung oder Unterstützung zu bedürfen.

Sobald die Eigentumsrechte an Produktionsmitteln legitimiert und durch die Rechtsordnung garantiert sind, kommt die Marktwirtschaft mit dem Preissystem als ihre zentrale Einrichtung in Gang.

Preise haben zwei Funktionen. Sie informieren erstens über Knappheitsverhältnisse und zweitens stellen die Güterpreise für den Produzenten Einnahmen und für den Abnehmer des Gutes Kosten dar. Preise funktionieren so gleichzeitig als Signale und als wirtschaftliche Anreize. Was in einer sozialistischen Wirtschaft per Befehl geregelt werden müsste, findet in einer Marktwirtschaft automatisch statt.

***

Der Marktprozess

Der preisgesteuerte Marktprozess entfaltet sich in Antwort auf eine höhere Nachfrage mit einer steigenden angebotenen Menge aufgrund höherer Preise. Steigende Gewinne in dem Produktsegment, wo eine Nachfrageerhöhung stattfindet, induzieren ein erweitertes Angebot, indem die Firmen Erweiterungsinnovationen tätigen.

Das Marktangebot nimmt zu und die Preise fallen. Dadurch steigt die nachgefragte Menge. Es kommt zu einer besseren Marktverbesserung. Ein neues Marktgleichgewicht stellt sich ein.

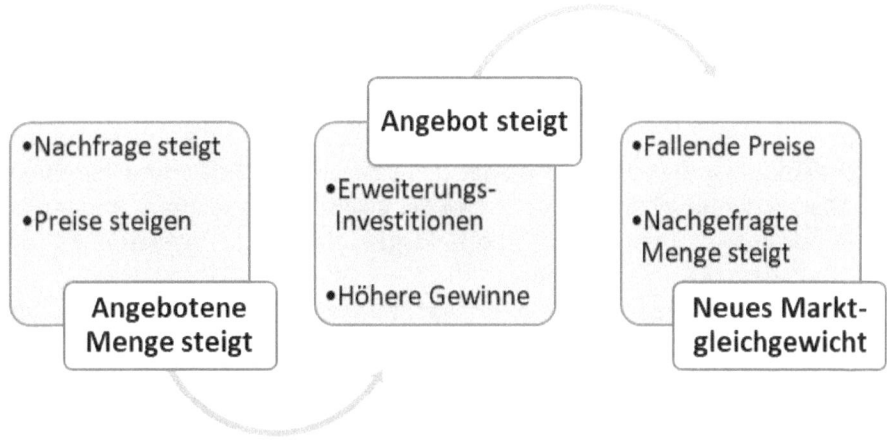

***

Wenn Wettbewerb mit ungehemmtem Marktzugang herrscht, dann können sich Monopole nicht lange behaupten. Der reine Kapitalismus ist kein Monopolkapitalismus. Monopolkapitalismus ist die Konsequenz des Staatskapitalismus. Wie im Feudalismus kommt es in einem derartigen System zur wirtschaftlichen Stagnation und zum Produktivitätsschwund, weil der Anreiz zur Kostenkontrolle und zur Innovation verloren geht.

Selbst wenn ein Monopol bestehen sollte, die Eintrittsbarrieren aber niedrig sind, kann das monopolistische Unternehmen seine Monopolposition nicht ausnutzen, da es mit dem Marktzutritt von Wettbewerbern rechnen muss. Potenzieller Wettbewerb heißt, dass dann, wenn eine Firma eine Monopolposition missbraucht, neue Firmen in den Markt eintreten würden und Monopole somit verschwinden.

Die Steuerung von Wettbewerbsmärkten erfolgt über das Preissystem. Relativ hohe Preise zeigen an, dass bei diesem Gut eine besondere Knappheit besteht. Da Preise für den Verkäufer Einkommen darstellen und für den Käufer Kosten sind, gibt es auf Wettbewerbsmärkten einen Automatismus, der dazu führt, dass die Knappheit gelindert wird. Da hohe Preise ein mehr Einkommen mit sich bringen, werden die Produzenten dazu veranlasst, genau von diesem Gut mehr zu produzieren. Die Nutzer dieses Gutes hingegen werden aufgrund des hohen Preises sparsam mit dem Gut umgehen. Für den Produzenten des Gutes bedeuten die Preise Einkommen, für den Käufer stellen die Preise Kosten dar.

Bei freiem Wettbewerb bildet sich auf dem Markt ein Gleichgewicht, das der bestmöglichen Nutzung der Ressourcen entspricht. Dieser Zustand besteht allerdings nur temporär, da weder die Konsumentenwünsche noch die Technologie konstant bleiben.

Steigende relative Preise zeigen an, dass für das entsprechende Produkt unzureichende Produktion im Verhältnis zur Nachfrage besteht. In der ersten Phase führt das dazu, dass die bestehenden Produktionsmöglichkeiten besser genutzt werden. Es kommt zu einem Anstieg der angebotenen Menge. In der zweiten Phase kommt es dann zu einer Ausweitung des Angebots insgesamt, wenn Investitionen die Produktionskapazität erhöhen.

Der Signal- und Anreizapparat des Preissystems führt auf Wettbewerbsmärkten dazu, dass in dem Bereich, wo eine Diskrepanz zwischen der Nachfrage und dem Angebot erscheint, die Nachfrager und Anbieter ihr Verhalten entsprechend den Preisänderungen anpassen. Das Zusammenspiel von Angebot und Nachfrage sorgt so mittels des unternehmerischen Handelns dafür, dass Kapital in solche Verwendungszwecke gelenkt wird, wo die Nachfrage im Vergleich zum Angebot relativ hoch ist und aus den Bereichen Kapital abgezogen wird, wo Überkapazitäten sich abzeichnen. Dies ist das Grundprinzip der Allokationseffizienz der Marktwirtschaft. Diese kann allerdings erst dann wirkungsvoll werden, wenn das Preissystem richtig funktioniert und wenn es keine politischen Eingriffe gibt. Schon die Steuererhebung verzerrt das System.

Das Preissystem funktioniert nicht immer vollkommen. Die Kritik des „Marktversagen" geht aber am entscheidenden Punkt vorbei, denn es kommt nicht auf die Vollkommenheit an, sondern auf die Robustheit des Preissystems, das selbst unter ungünstigen Bedingungen noch einigermaßen verlässlich Knappheitsrelationen anzeigt. Daraus ziehen manche den falschen Schluss, dass das marktwirtschaftliche Preissystem unverwüstlich sei, und dass man ohne Schaden so massiv intervenieren könne, wie man wolle. Diese Ansicht ist ebenso irrtümlich wie die Theorie des Marktversagens.

Selbst bei schweren Eingriffen funktioniert das Preissystem noch gut. Jeder einzelne Eingriff schwächt aber den Marktmechanismus, sodass seine Leistungsfähigkeit abnimmt. Dann häufen sich die Fehlanlagen. Der Anpassungsprozess verlangsamt sich. Es dauert länger, bis das Angebot auf Nachfrageverschiebungen reagiert, und Versorgungslücken tun sich auf. Dies dient dann den Interventionisten als Anlass, noch tiefer in das Marktsystem einzugreifen. Dadurch kommt es zur Interventionsspirale, wonach jeder Eingriff neue zusätzliche Interventionen nach sich zieht.

Die effiziente Allokation von Kapital besteht darin, dass das Kapital dahinwandert, wo es die höchsten Erträge erbringt. Durch diese Verschiebung der Kapitalstruktur werden die Versorgungsengpässe beseitigt und der Sonderprofit verschwindet wieder. Je schneller und je mehr Kapital in den Bereich fließt, wo die meiste Knappheit herrscht, desto schneller werden Versorgungsengpässe beseitigt und desto schneller verschwinden außergewöhnliche Kapitalerträge.

Es liegt im Wesen der Marktwirtschaft, dass Sondergewinne entstehen und dass einzelne Firmen und damit deren Eigentümer, Reichtum anhäufen. Gleichzeitig funktioniert das System aber so, dass bei freier Beweglichkeit des Kapitals Extragewinne wieder eliminiert werden. Je dynamischer eine Volkswirtschaft ist in dem Sinne, dass es offene Märkte gibt und unternehmerisches Handeln großen Spielraum besitzt, umso weniger kommt es zu Angebotslücken und entsprechend entfallen die Extragewinne.

***

Preisbildung und Wettbewerb

Der Preis eines Gutes oder Dienstleistung ergibt sich aus dem Zusammenspiel von Angebot und Nachfrage und der wertbestimmenden Nutzenschätzung der einzelnen Marktteilnehmer.

Preisbildung

Die Preisbildung auf Wettbewerbsmärkten führt dazu, dass der Marktpreis zum Minimum der Grenzkosten tendiert, was dem Tiefpunkt der Durchschnittskosten entspricht.

Während sich der Preis aus dem Zusammenspiel von Nachfrage und Angebot laufend bildet, ist er seinerseits bestimmend für die angebotene und nachgefragte Menge.

Das Marktgleichgewicht resultiert aus der Gegenläufigkeit von nachgefragter und angebotener Menge. Je höher der Preis, desto höher die angebotene Menge und desto niedriger die nachgefragte Menge.

Die Nutzenschätzung des einzelnen Marktteilnehmers bestimmt den individuellen Wert des Gutes. Der Wert eines Gutes ist nicht gleich seinem Preis.

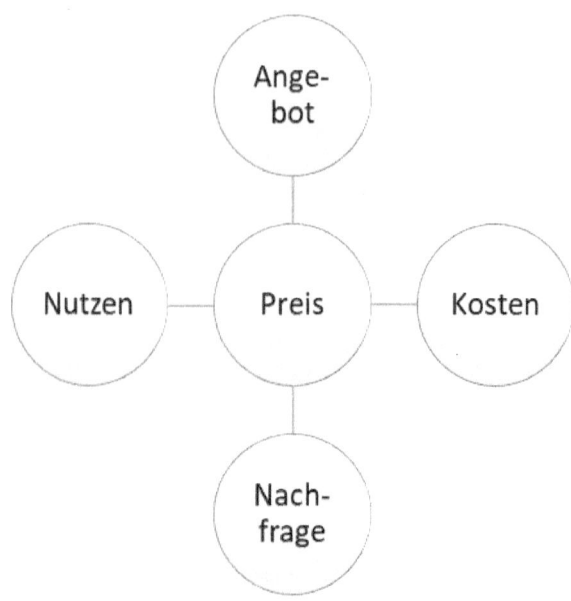

Die Bestimmungsgründe des Wertes sind subjektiv-individuell. Die Wertschätzung ändert sich marginal je nach der Situation, in der sich der Einzelne befindet. Knappheit heißt, dass Güter weniger verfügbar sind als sie wertgeschätzt werden.

Wettbewerbsprozess

Geldpreise sind numerische Marktphänomene. Sie kommen durch das Zusammenspiel der Marktteilnehmer zustande. Der Gleichgewichtspreis zeigt an, zu welchem Geldpreis die höchstmögliche Anzahl von Transaktionen auf einem Markt realisiert wird.

Die Dynamik des kapitalistischen Wettbewerbs entfaltet sich ausgehend von Innovationen, die zu Pioniergewinnen führen.

Die Marktbeherrschung aufgrund eines neuen Produktes oder eines neuen Verfahrens ist allerdings nur temporär.

Wenn freier Markteintritt herrscht, werden Konkurrenzunternehmen die neuen Produkte und Verfahren zu imitieren versuchen und dabei die Innovation differenzieren und verbessern.

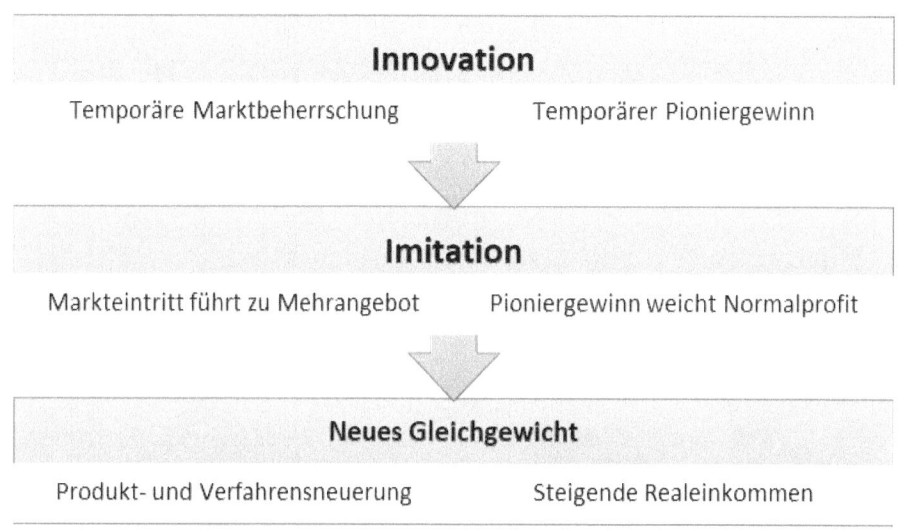

Mit dem Mehrangebot auf dem Markt schwinden die temporären Monopolprofite. Ein neues Marktgleichgewicht bildet sich heraus.

Die Produkt- und Verfahrensneuerungen verbreiten sich marktweit je nach der Nachfrage. Beim Pionierunternehmen gehen die Gewinne auf das Normalmaß zurück, während bei den Konsumenten die Kaufkraft bzw. deren Realeinkommen auf ein höheres Niveau steigt.

Antony P. Mueller

Massenproduktion

Ludwig XIV (1638-1715) soll in seinem Palast von Versailles tausende von Dienern gehabt haben. Das würde aber nichts an der Tatsache ändern, dass es trotz dieser Schar von Untergebenen im ganzen Palast keine Warmwasserdusche gab und vieles andere an Körperpflege fehlte, was heute in jeder Sozialwohnung zu finden ist. Der Sonnenkönig konnte sich zwar reichhaltig parfümieren und eine großartige Perücke tragen, aber das war auch nötig angesichts der mangelhaften Toiletten im Palast nötig.

Vor der industriellen Revolution waren die Reichen ärmer als heute die Armen in den kapitalistischen Industrieländern. Heutzutage fährt der Normalbürger als Tourist nach Versailles im Reisebus oder mit dem eigenen Fahrzeug. Wenn er seine Besichtigungstour beendet hat, warten in der Stadt Paris abertausende von Kellnern und andere Bedienstete in tausenden von Restaurants, Cafés und Bars darauf, diesen Touristen, aus welchem Land er auch kommen mag, zu bewirten.

Der moderne Kapitalismus dient der Masse der Konsumenten. Diejenigen, die in den Fabriken als Arbeiter und Angestellte arbeiten, sind dieselben Menschen, die die dort hergestellten Güter konsumieren. Den Unterschied zur Vergangenheit dokumentiert die allgemeine Lebenserwartung. Diese lag vor zweihundert Jahren noch unter vierzig Jahren. Die durchschnittliche Kaufkraft ist um ein Vielfaches gestiegen, wobei nicht bloß die Menge zählt, sondern auch die Vielfalt und Qualität.

***

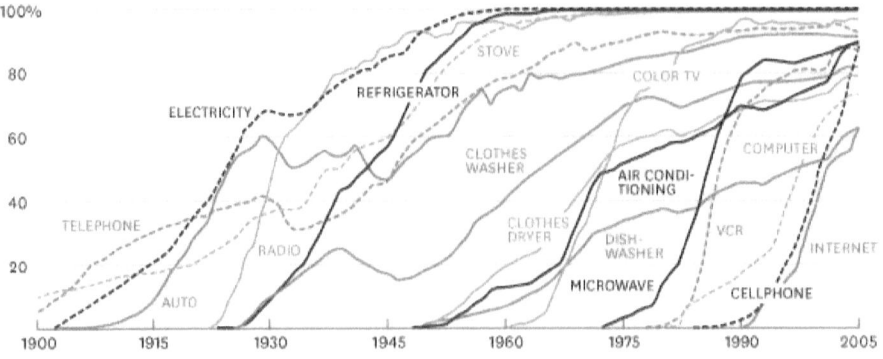

Quelle: Harvard Business Review Grafik: Michael Felten, The New York Times - Prozentsatz der US-Haushalte im Besitz von spezifischen Konsumgütern

Die Grafik zeigt die Ausstattung der US-Haushalte mit dauerhaften Konsumgütern wie Telefon, Elektrizität, Auto, Radio, Kühlschrank, Kochherd, Waschmaschine, Wäschetrockner, Farbfernseher, Aircondition, Spülmaschine, Mikrowelle, Videospieler, Computer, Handys und Internet.

Der Prozess der Verbreitung von Konsumgütern beschleunigt sich. Während es für das Telefon und das Auto mehr als ein halbes Jahrhundert dauerte, um sich in mehr al 80 % der Haushalte zu finden, brauchte es für Videospieler und Handy nur ein Jahrzehnt.

Beachtlich bei diesem Prozess ist, dass viele der modernen Konsumgüter nicht nur das Leben leichter und angenehmer machen, so wie zum Beispiel ein eigener Kochherd oder Zugang zu Warmwasser, sondern auch den Wert der Freizeit erhöhen, wie es bei Radio, Fernseher, Videospielern und dem Internet der Fall ist.

***

Wohlstand drückt sich nicht allein dadurch aus, dass man quantitativ mehr konsumiert, sondern auch durch den Zugang zu besserer Qualität der Güter und zu einer größeren Vielfalt an Produkten hat. Heutzutage führt ein mittelgroßer Supermarkt ein Sortiment, das in die zehntausende von verschiedenen Produkten geht.

Wirtschaftswachstum ist ein falscher Begriff, wenn es bedeuten soll, dass es um mehr desselben geht. Wachstum im Kapitalismus besteht in der Nutzung neuer, besserer und billigerer Güter. Die Grundlage des wirtschaftlichen Wachstums ist bessere Produktivität, der technische Fortschritt, in allen seinen Varianten. Im Zuge dieser Entwicklung kommen mehr Menschen in den Genuss von Gütern, die vorher ausschließlich den Reichen vorbehalten waren.

Kein anderes Wirtschaftssystem hat den einfachen Leuten so viel Wohlstand gebracht wie der moderne Kapitalismus. Dieses Wirtschaftssystem schafft laufend neuen Reichtum durch den andauernden Prozess der „kreativen Zerstörung", wie es der von Josef Schumpeter (1883-1950) geprägte Begriff benennt. Technologischer Fortschritt ist der Motor der unternehmerischen Geldwirtschaft. Massenproduktion für die Massen ist sein Kennzeichen.

Das kapitalistische System zeichnet sich dadurch aus, dass es anpassungsfähige und effiziente Firmen fördert und die weniger produktiven Betriebe ausmerzt. Der Grundkonflikt des modernen Kapitalismus besteht nicht im Kampf der Kapitalisten gegen die Proletarier, sondern im Konflikt zwischen denjenigen, die sich erfolgreich dem Wandel anpassen und Pioniergewinne erlangen und denen, die zurückfallen, weil sie es versäumen, sich anzupassen. Dies gilt nicht nur für die Unternehmen, sondern auch für die Beschäftigten. Auch die Arbeitnehmer müssen sich der Herausforderung stellen, möglichst vorausschauend sich den Konsequenzen der kreativen Zerstörung, die die Dynamik des Fortschritts kennzeichnet, anzupassen und konkret solche Fähigkeiten zu erlangen suchen, die vermehrt gefragt sind. Arbeitslosigkeit muss nicht Schicksal sein.

Die unternehmerische Geldwirtschaft ist ein beständiges Ringen um die höchstmögliche Produktivität. Die marktwirtschaftliche Konkurrenz besteht darin, die Kundenwünsche besser und kostengünstiger zu treffen. Langfristig kommt diese Produktivität allen zugute, vor allem den breiten Massen, doch gelangt der Vorteil zu unterschiedlichen Zeiten an die Begünstigten. Kurzfristig gibt es zwar Verlierer, langfristig aber macht der Kapitalismus alle zu Gewinnern. Einer der größten Feinde des kapitalistischen Fortschritts ist die menschliche Ungeduld.

Der Kapitalismus ist ein dynamisches System. Unsicherheit und Risiko sind der Preis des Fortschritts. Die Vergangenheit war in dieser Hinsicht nicht anders. Im Gegenteil: die sogenannte „gute alte Zeit" war noch unsicherer als unsere gegenwärtige. Mehr als heute war man den Krankheiten ausgeliefert, den Unbilden des Wetters und den Schwankungen der Nahrungsproduktion. Ein Leben in Hunger, Not und Armut kennzeichnete über Jahrtausende das Leben der Mehrheit der Menschheit. Niemals und nirgendwo herrscht auf dieser Welt ein System vollständiger Sicherheit. Not und Sorge sind der ewige Begleiter des menschlichen Daseins. Auch der freie Kapitalismus führt nicht zum sorglosen Leben. Worum es beim freien Kapitalismus geht, ist die Menschheit von extremer Armut zu befreien.

In der vorkapitalistischen Zeit war die Ungleichheit größer als heute. Zwar ist es richtig, dass der Kapitalismus als unternehmerische Geldwirtschaft zu konzentrierten Anhäufungen von Vermögen und Einkommen führt, aber diese sind heute eher geringer als in der Vergangenheit, vor allem aber sind sie nicht dauerhaft. Vor der industriellen Revolution war die Oberschicht sehr klein; die große Mehrheit der Bevölkerung lebte in extremer Armut und Not. Seitdem hat die Armut in allen den Regionen abgenommen, die das Wirtschaftssystem der unternehmerischen Geldwirtschaft konsequent übernommen und ausgestaltet haben. Frühere Systeme machten einige wenige reich, alle anderen waren aber bitterarm.

***

Verteilung des Welteinkommens 1820, 1970 und 2000

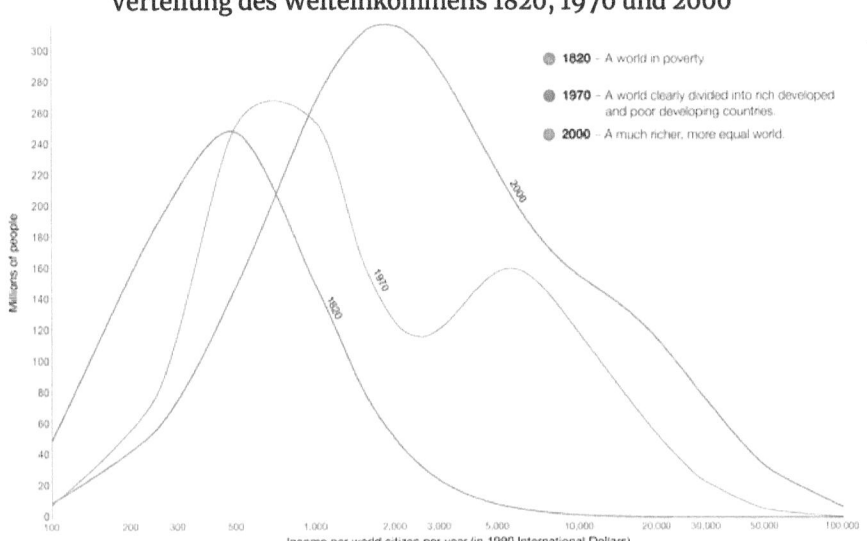

Anzahl der Menschen (vertikal) und Einkommen pro Weltbürger von jährlich 100 bis 100.000 International Dollars von 1990 (horizontal Quelle: Max Roser: What on Earth is going on?
https://ourworldindata.org/

Die Grafik von Max Roser zeigt, dass die Welt von 1820 über 1970 bis 2000 sowohl reicher als auch gleicher hinsichtlich der Einkommensverteilung geworden ist. Diese Entwicklung kam dadurch zustande, dass sich mehr Länder der kapitalistischen Wirtschaftsordnung annähern.

Der Kapitalismus macht einige sehr reich, den Rest aber viel wohlhabender als es je in der Vergangenheit die Mehrheit der Bevölkerung war.

***

Der Wert eines Investitionsprojektes bemisst sich danach, inwieweit die Investition dazu beiträgt, den subjektiven Nutzen der

Endverbraucher zu befriedigen. Die Kostenrechnung ist zwar ein unentbehrliches Hilfsmittel, um die Gewinnchancen eines Projektes abzuschätzen; das endgültige Urteil über die Gewinne fällt jedoch der Konsument. Dies trifft auch auf Investitionsgüter zu, die insofern einen Wert besitzen, wie sie als Zwischengüter zur Produktion von Verbrauchsgütern beitragen. Die einzelnen Beiträge zur Wertschöpfung über die gesamte Produktionskette sind erst dann abgegolten, wenn der Endverbraucher das Gut bezahlt hat.

In volkswirtschaftlicher Sicht hat die Führung eines Betriebes zwei Funktionen zu erfüllen: erstens den zukünftigen Bedarf der Nachfrager abzuschätzen und zweitens, die angebotenen Güter zum Minimum der Kosten herzustellen. Um diese Aufgaben zu erfüllen, ist experimentelles Verhalten im Sinne von Versuch und Irrtum erforderlich, so wie es im marktwirtschaftlichen Wettbewerbsprozess geschieht.

Wird der Wettbewerb abgeschafft, verlieren die Betriebe sowohl die Orientierung darüber was die Verbraucher wünschen als auch wie die hergestellten Güter am kostengünstigsten hergestellt werden können.

***

Kennzeichen des modernen Kapitalismus

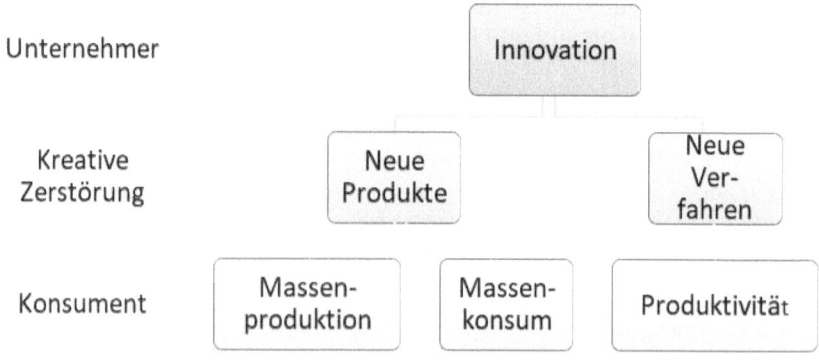

Die Funktion des Unternehmers (im Unterschied zum Kapitalisten) besteht darin, Innovationen durchzusetzen.

Der Unternehmer betreibt kreative Zerstörung, indem er die Widerstände gegen neue Produkte und neue Verfahren überwindet.

Der moderne Kapitalismus dient dem Volk, indem die Massenproduktion den Massenkonsum ermöglicht und weil die Arbeiter aufgrund von Innovationen im Verfahrensbereich, die zu Produktivitätssteigerungen führen, steigende Löhne erzielen.

Der Unternehmer ist im modernen Kapitalismus der Träger der Innovation.

Den Unternehmer zeichnet – im Unterschied zum Erfinder oder Administrator – die Fähigkeit aus, neue Produkte und neue Produktionsverfahren mit gewinnträchtig auf den Markt zu bringen.

Innovation beinhaltet kreative Zerstörung, da es die herrschenden Marktverhältnisse aufbricht und bestehende Produktangebote und Produktionsverfahren obsolet macht.

Die Vorteile der Innovation kommen dem Konsumenten zugute in Form von Massenproduktion und Massenkonsum und durch eine höhere Produktivität, die zu steigenden Einkommen führt.

***

Kapitalismus bedeutet permanente Revolution. In der Marktwirtschaft gibt es keinen Stillstand und kein Gleichgewicht. Neue Firmen treten auf den Plan; etablierte Firmen verschwinden. Neue Güter werden produziert und bestehende Güter modifiziert oder verschwinden aus dem Markt genauso wie es mit neuen Produktionsmethoden geschieht. Im Zuge dieser Dynamik ändert sich andauernd die Struktur der Marktwirtschaft und was gestern noch galt, ist heute schon nicht mehr gültig. Dies heißt, dass es für Neuankömmlinge neue Chancen gibt. In der Marktwirtschaft werden immer wieder die Karten neu verteilt. Desgleichen geschieht bei den konjunkturellen Krisen, wenn die Vermögenspreise fallen. Diese Krisenzeiten eröffnen neuen Firmen mit neuen Ideen neue Chancen. Anstatt über die Krisen zu lamentieren, soll man sie als das begreifen, was sie sind, nämlich Phasen der wirtschaftlichen Umgestaltung.

Der Kapitalismus ist nicht vollkommen: es gibt aber kein anderes Wirtschaftssystem, bei dem die Vorteile so sehr die Nachteile überwiegen. Vom kapitalistischen Wirtschaftssystem profitiert vor allem die breite Masse der Bevölkerung. Im Kapitalismus gelangen in die Hände selbst der Armen Güter, die früher nur die sehr wohlhabenden Familien hatten. Der Kapitalismus produziert nicht nur Massenware, sondern auch neue und verbesserte Güter.

Freiheitlicher Kapitalismus

Der moderne Kapitalismus entstand in Europa. Seine Basis sind kommerzielle Gesinnung, kooperativer Wettbewerb, Dezentralisierung, Privateigentum an Produktionsmitteln, individuelle Würde, Alphabetisierung, experimentelles (wissenschaftliches) Denken und Rechenhaftigkeit. Dieser moderne Kapitalismus erfährt seine Legitimation durch den Wohlstand, den er verbreitet. Dieser Wohlstand kommt vor allem den Massen zugute. Ungleichheit existiert, aber diese ist nun funktionalisiert; sie dient als Anreiz, wirtschaftliche Pioniertaten zu vollbringen, das heißt, Innovation und Erfindungen durchzusetzen.

Das Preissystem der Marktwirtschaft sorgt dafür, dass sich Angebot und Nachfrage den Knappheitsverhältnissen laufend anpassen. In diesem Sinn gibt es keine Grenzen des Wachstums. Je knapper ein Gut, desto teurer wird es auf dem Markt und desto mehr wird nach Ersatz gesucht und sein Verbrauch eingespart. Der wirtschaftliche Fortschritt im Kapitalismus kommt durch das beständige Bestreben zustande, Produkte besserer Qualität immer billiger zu produzieren. Das herausragende Kennzeichen des unternehmerischen Kapitalismus ist der beständige Drang nach Verbesserung durch Innovation.

***

Wirtschaftliche Freiheit und Einkommenshöhe

Die statistische Korrelation zwischen wirtschaftlicher Freiheit und dem Pro-Kopf-Einkommen ist vor alem im mittleren bis hohen Einkommensbereich sehr ausgeprägt. Bei sehr hohem Einkommen reduzieren Sonderfaktoren, wie zum Beipiel Ölreichtum eines kleinen Landes, die Korrelation.

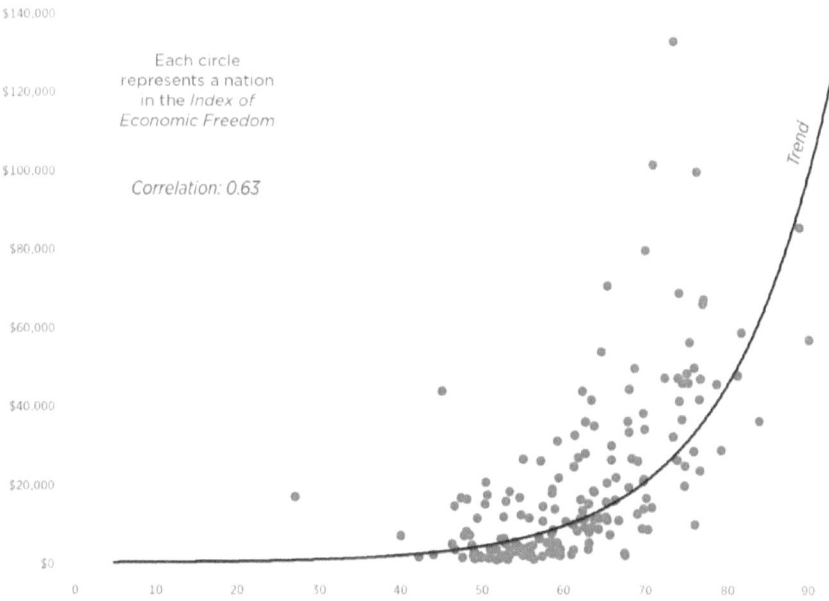

Korrelation des Heritage Index der wirtschaftlichen Freiheit (horizontal) mit dem Pro-Kopf-Einkommen in US-Dollar nach Kaufkraft (vertikal). Quelle: **Terry Miller und Anthony B. Kim. 2017 Index of Economic Freedom (Washington: The Heritage Foundation 2017)**

***

Die dem Kapitalismus innewohnende Tendenz zur Innovation löst mit dem wirtschaftlichen Fortschritt gesellschaftlichen Wandel aus. Die mit dem Kapitalismus verbundenen sozialen Umbrüche riefen früh schon die Gegenspieler des modernen Kapitalismus auf dem Plan. In diesem Widerstreit entfaltet sich die moderne Geschichte. Seit seinem Entstehen sieht sich der moderne Kapitalismus mit zwei unterschiedlichen Gegnern konfrontiert: dem aus dem utopischen Denken geborenen Kommunismus und dem der Vergangenheit verhafteten Konservatismus. Beide, Kommunismus und Konservatismus, leben als Träume weiter. Ihre Gestaltungskraft geht aber nicht über die als Störfaktoren hinaus. Es gilt die Regel, dass gegen den freien Kapitalismus weder Freiheit noch Wohlstand zu erhalten sind.

In der Marktwirtschaft verfolgt jeder Marktteilnehmer sein eigenes Interesse und befördert so indirekt das Gemeinwohl. Der Konsument will seinen Nutzen erhöhen; die Firma ihren Gewinn. Die universale Sprache des Marktes besteht in Geldpreisen. Mit der Hilfe von Geldpreisen lassen sich die Güter miteinander vergleichen. Der einzelne Konsument kann so jedes Gut mit jedem anderen vergleichen und gemäß seinen eigenen Präferenzen abwägen. Desgleichen findet dieser Prozess im Bereich der Produktion statt, wo die Investitionsgüter danach bewertet werden, inwieweit sie zum Gewinn einer Firma beitragen.

Das Geldwesen, und damit das System der Geldpreise, funktionieren nicht fehlerlos, aber eine Rechnung ohne Geld ist nicht möglich, sobald die Produktion über die einfachen Verhältnisse hinausgeht. In einem Haushalt oder in einem nicht zu großen Gehöft lassen sich die Zahl der Arbeiter und Beteiligten Gerätschaften vielleicht noch überblicken, ohne exakte Kalkulation zu verwenden, so wie es auch in einem privaten Kleinhaushalt geschieht. Sobald aber die Produktion komplexer wird, benötigt man Geld. Selbst der Umstand, dass der Geldwert selbst nicht konstant bleibt, wiegt die Nachteile einer nicht geldlichen Wirtschaftsführung auf. Kapital zum Beispiel existiert als Ansammlung von Produktionsgütern, aber erst deren Ausdruck in Geldeinheiten macht es möglich, von Kapital als einer einheitlichen Größe zu reden und mit anderen Zahlen, zum Beispiel dem Ertrag, in Beziehung zu setzen.

Resümee

Es gibt kein perfektes Wirtschaftssystem. Knappheit verschwindet, solange nicht wie das irdische Menschenleben zeitlich begrenzt ist. Der Kapitalismus erfüllt den Anspruch, für dieses weltliche Dasein dem Menschen mehr Wohlstand und Freiheit als jedes andere Wirtschaftssystem zu geben. Um diese Werte zu bewahren, ist eine fundamentale Reform des Geldwesens, der Politik und des Rechtssystems nötig. Es geht darum, vom Staatskapitalismus zu einem echten Kapitalismus zu kommen und vom „Demokratismus" zu einer echten Demokratie zu gelangen.

Mehr Kapitalismus bedeutet nicht sozialen Rückschritt. Im Gegenteil. Je freier die Wirtschaft, desto höher die Produktivität und somit die Einkommen. Steigende Einkommen bedeuten weniger Armut. Darin besteht die große Leistung des modernen Kapitalismus. Seit der industriellen Revolution vor etwa zweihundert Jahren ist weltweit der Prozentsatz der Menschen, die in Armut leben, gesunken. Diese Entwicklung ist dadurch zustande gekommen, dass mehr Länder ihre feudalen und sozialistischen Regime abgeworfen haben und dabei sind, sich dem Kapitalismus anzunähern.

„Die Zukunft gehört dem Kapitalismus" ist auch so zu verstehen, dass denjenigen Ländern die Zukunft gehört, die der Entfaltung einer freien Wirtschaft die geringsten Hindernisse entgegensetzen. Es sollte jedem klar sein, dass wenn Europa oder Amerika dies nicht tun, genügend andere Länder auf dem Weg zu einem freiheitlichen Kapitalismus schon fortgeschritten und andere mehr schon zum Start bereit sind. Viele große Überraschungen erwarten uns.

II.

WARUM WIRTSCHAFTSWACHSTUM gut IST

Eine Falle nach der anderen
Wirtschaftswachstum braucht Frieden
Akkumulation von Kapital und Wissen
Ohne Freiheit kein Fortschritt
Wirtschaftswachstum schafft Wohlstand
Interventionismus
Kreative Zerstörung
Resümee

> "Innovation ist die herausragende Tatsache in der Wirtschaftsgeschichte der kapitalistischen Gesellschaft oder in dem, was in dieser Geschichte rein ökonomisch ist, und sie ist auch größtenteils für das verantwortlich, was wir auf den ersten Blick auf andere Faktoren zurückführen würden."
> Joseph Schumpeter: Business Cycles: A Theoretical, Historical, and Statistical Analysis of the Capitalist Process 1939 (New York: McGraw-Hill), S. 86

Wirtschaftliches Wachstum ist das A und O des Wohlstands. Ohne Wachstum gibt es kein steigendes Einkommen. Allerdings ist der Begriff

„Wachstum", auf die Wirtschaft angewendet, irreführend. Worauf es ankommt, ist die Produktivität der menschlichen Arbeit. Es geht zwar um eine höhere Produktion und letztlich um ein höheres Pro- Kopf-Einkommen der Bevölkerung, aber gerade deshalb darf die Wirtschaft nicht einfach nur größer werden, sondern sie muss produktiver werden. Würde mehr vom Gleichen mit denselben Methoden wie in der Vergangenheit ohne technischen Fortschritt produziert, stieße die Volkswirtschaft in der Tat an Grenzen des Wachstums. Im Kapitalismus gibt es keine Grenzen des Wachstums, weil wirtschaftliches Wachstum hier durch Innovation angetrieben wird. Dies besagt, dass sowohl die Güter für den Verbrauch als die für die Produktion im ökonomischen Sinn effizienter hergestellt werden.

Das Preissystem regelt das Knappheitsproblem. Wenn bestimmte Naturressourcen knapper werden, wird ihr Preis in einer freien Marktwirtschaft steigen. Das Eigeninteresse der Verbraucher und Produzenten führt diese dazu, sparsam im Gebrauch der knappen Güter umzugehen und sich auf die Suche nach Ersatzprodukten zu machen. Je höher der relative Preis für ein bestehendes Produkt, desto lohnender wird das Umsteigen auf einen Ersatz.

Das Bruttoinlandsprodukt (BIP) ist die Summe der Produktion der einzelnen Unternehmen im Lande. Nicht „die" Volkswirtschaft produziert das BIP, sondern das Nationalprodukt ist das Ergebnis der Produktion durch die Vielzahl der Unternehmen. Um ein höheres Gesamtprodukt zu erzielen, müssen die Betriebe mehr produzieren. Wirtschaftliches Wachstum hängt davon ab, was bei den einzelnen Firmen geschieht: ob für die Unternehmen Anreize zur Mehrproduktion bestehen oder ob die unternehmerische Wertschöpfung gehemmt und blockiert ist.

Eine Falle nach der anderen

Wirtschaftliches Wachstum ist ein Kind der industriellen Revolution. Diese Wende kam durch Firmen ins Rollen, die ihre Gewinne gezielt in die Erweiterung ihrer Unternehmungen steckten. Daran hat sich nichts geändert. Wenn ein Land sich entwickeln will, wo die Bevölkerung noch zu arm ist, um ausreichend sparen zu können, liegt es an den Unternehmen, die Investitionen aus den Gewinnen zu finanzieren. So hat es England vorgemacht und alle anderen Länder, die sich erfolgreich industrialisiert haben, sind diesem Vorbild gefolgt. Gescheitert sind jene Länder, in denen die Gewinnerzielung von Firmen beschränkt wurde und die Anreize zur Reinvestition der Profite fehlten. Die Akkumulation von Kapital scheitert, wenn versucht wird, private Firmen durch den Staat zu ersetzen.

Die Produktivität der menschlichen Arbeitskraft nimmt zu, wenn mehr Kapital zur Verfügung steht und wenn dieses Kapital besser genutzt wird. Die Produktivität steigt, wenn es möglich ist, mit demselben Einsatz an Kapital und Arbeit mehr an Gütern zu erzeugen. Kapitalakkumulation bedeutet Investitionstätigkeit. Um aber Investitionsmittel zur Verfügung zu haben, ist Sparen vonnöten. Wie soll man aber genügend sparen, wenn das Einkommen niedrig ist? Das ist die Armutsfalle, in der sich die Menschheit bis zu Beginn der Industriellen Revolution befand.

Sparen setzt ein Einkommen über dem Subsistenz-Niveau voraus. Aber um ein hohes Pro-Kopf-Einkommen zu besitzen, muss man Kapital zuerst akkumulieren und dies erfordert Sparen, was wiederum vom Einkommen abhängt.

Die Gewalttätigkeitsfalle verschlimmert die Armutsfalle. Die politische Weltgeschichte ist eine Geschichte der Gewalttätigkeitsfalle, die darin besteht, dass es lohnt, sich auf die Produktion von Kriegsmitteln zu konzentrieren und die Produktion für den Konsum anderen zu überlassen, um dann sich den Reichtum der anderen durch systematische Plünderung anzueignen. Die Spezialisierung eines Staates auf äußere Gewaltanwendung gelingt, wenn sie zur Versorgung der Staatsgenossen mit Konsumgütern führt.

Eroberung und Sklaverei dienen der Ausbeutung und erlauben die Existenz einer parasitären Ökonomie. Als die Menschen sesshaft wurden, begannen sie, produktiv mit der Natur umzugehen und die domestizierten Tiere und Pflanzen zu pflegen. Damit kam es aber nicht zum Ende der

Armuts- und Gewalttätigkeitsfalle. Raub und Unterdrückung waren weiterhin lohnend, vor allem wenn es, so wie bei den antiken Großreichen, im großen Stil betrieben wurde.

Das Problem der parasitären Ökonomie besteht darin, dass Schmarotzer nur als Minderheit existieren können und auf eine Überzahl an Wirten angewiesen sind. Die in einer Schmarotzerwirtschaft vorherrschenden Anreize bestehen aber darin, dass Parasiten sich weiter ausbreiten und ihre Ausbeutungsrate erhöhen wollen, während für die Wirte der Anreiz besteht, ihre Produktion einzuschränken. Deshalb ist parasitärer Reichtum nicht dauerhaft. Alle Räuberreiche sind entsprechend nach ihrem Aufstieg wieder zerfallen. Durch Raub geht der Anreiz zur Kapitalakkumulation und damit die Produktivität verloren. Die ausgeraubten Bevölkerungsteile verkümmern. Damit verlieren auch die Räuber ihre Existenzbasis.

Eine auf Raub und Schmarotzertum aufgebaute Wirtschaft ist nicht dauerhaft. Der Kapitalbestand zerfällt, Wissen geht verloren. Die Verteilungskonflikte nehmen zu, je weniger es zu rauben und zu verteilen gibt. Die parasitär ausbeuterische Wirtschaft und Gesellschaft entsteht durch Gewalt und zerfällt durch Gewalt. Diese Lektion wurde zwar in Bezug auf die private Gewaltanwendung gelernt, aber nicht im Hinblick auf den institutionalisierten Raub durch den Staat, der in den modernen Gesellschaften das Monopol der Gewaltanwendung innehält.

***

Aufstieg und Niedergang parasitärer Raubökonomien

Parasitäre Raubökonomien sind nicht überlebensfähig. Sie stärken in der ersten Phase den Parasiten auf Kosten des Wirtes, führen aber in der zweiten Phase zum Absterben des Wirtes und damit auch des Schmarotzers.

Je mehr ein Land zur Prosperität findet, desto attraktiver wird es für die Schmarotzer sich durch List oder Gewalt einzunisten.

Während der Parasit durch die Ausbeutung erstarkt, wird der Wirt geschwächt. Die Anreize zugunsten des Schmarotzertums steigen, während die zur produktiven Tätigkeit sinken.

Phase 1: Einnistung

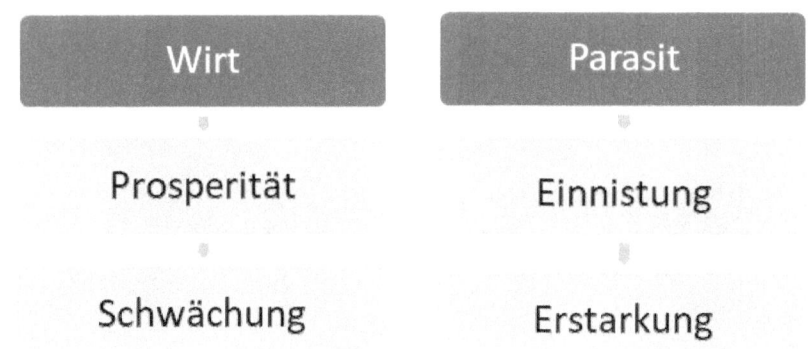

Parasitäre Wirtschaft

Es kommt zum Niedergang des Wirtes und damit zur Schwächung des Parasiten.

Am Ende des Prozesses kommt es zum Absterben beider: sowohl des Wirtes wie des Schmarotzers.

Die Geschichte der Menschheit ist eine Geschichte parasitäre Raubökonomien. Bis zur Industriellen Revolution war die kriegerische Ausrichtung eines Landes einer konsumorientierten überlegen. Erst im modernen Kapitalismus hat sich das geändert. Seitdem sind diejenigen Länder auch militärisch stark, die über eine am Endverbraucher ausgerichtete Wirtschaft verfügen.

Phase 2: Absterben

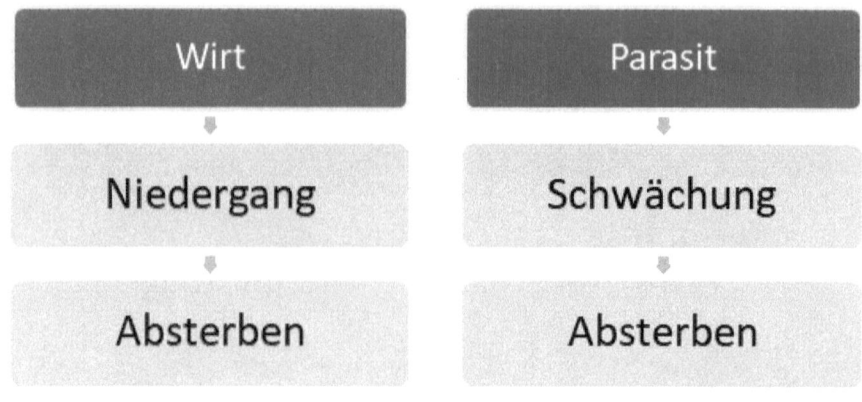

***

Der Reichtum in den Industrieländern ist weniger durch private Gewalt und fremde Invasion gefährdet als durch den eigenen Staat. Obwohl formal die Eigentumsrechte proklamiert gelten, werden diese durch Staatseingriffe verletzt. Eine innere Friedensordnung und Sicherheit vor äußeren Übergriffen schaffen dabei die Bedingung, die dem heimischen Schmarotzertum umso mehr Tür und Tor öffnet, wenn das Parasitentum unerkannt bleibt – wie es durch die moderne Ideologie der Gerechtigkeit und Gleichheit geschieht.

Wirtschaftswachstum braucht Frieden

Vor der Industriellen Revolution führte eine Steigerung des Kopf-Einkommens in die Bevölkerungsfalle. Das höhere Einkommen verursachte eine steigende Bevölkerungszahl, wenn wegen der besseren Nahrungsmittelversorgung mehr Kinder überleben konnten und Erwachsene älter wurden. Die steigende Bevölkerungszahl fraß den Vorteil des höheren Einkommens wieder auf. Das Pro-Kopf-Einkommen begann wieder zu fallen.

Über die Jahrtausende vor der kapitalistischen Wende wächst zwar langsam die Weltbevölkerung, aber das Einkommen pro Kopf steigt nicht merklich an. Im Durchschnitt ist die Bevölkerung vor 1800 nicht reicher als in den hunderten und aberhunderten von Jahren davor. Allerdings gab es immer wieder reiche Gruppen von Personen, denen es gelang, den Rest der Bevölkerung auszubeuten. Die Geschichte ist auch voll von den Eroberungen, wo ein Volk auf Kosten anderer unterjochter Völker einen höheren Lebensstandard genießt. Parasitäre Raubökonomien sind jedoch nicht dauerhaft, weder innerhalb eines Volkes noch unter den Völkern.

Um Reichtum durch Kapitalakkumulation zu erreichen, sind friedliche Verhältnisse erforderlich. Das Eigentum muss sowohl innerstaatlich als auch gegen Gewalt von außen geschützt sein, damit es ein Anreiz gibt, Kapital anzuhäufen. Die Kapitalakkumulation besteht in Investitionen, die erst in Zukunft einen Ertrag abwerfen, während der Konsumverzicht bereits in der Gegenwart stattfinden muss. Wenn große Unsicherheit darüber besteht, ob der Ertrag auch wirklich erzielt werden kann, werden die Investitionen unterbleiben und anstatt zu sparen wird konsumiert.

Erst um das Jahr 1800, mit der industriellen Revolution, kam es dazu, den Teufelskreis der Armut zu durchbrechen. Auf der Grundlage einer über die Jahrhunderte vorher stattgefundenen Wissensakkumulation und der Verbreitung des Wissens durch Bücher und Zeitschriften, sowie dem Anstieg der generellen Bildung, gelang es erstmals der Menschheit, sich aus der Armutsfalle zu befreien.

Sobald höhere Einkommen erzielt wurden, und auch die Frauen sich durch eigenen Verdienst aus der familiären Abhängigkeit lösen konnten, begann die Geburtenrate zu fallen, während der Produktivitätsfortschritt anhielt. Im Zuge dieser Entwicklung ist der Reichtum pro Kopf der Bevölkerung in den westlichen Gesellschaften in den vergangenen zweihundert Jahren um ein Vielfaches gestiegen.

Seit der industriellen Revolution gehört die Bevölkerungsfalle der Vergangenheit an. Auch sich wegen einer sogenannten „Überbevölkerung" Sorgen zu machen, besteht kein Anlass. Erstens nimmt die Wachstumsrate der Bevölkerung im Verlauf der „demografischen Transition" ab und zweitens besteht genügend Platz auf der Erde. (Konzentriert auf eine Wohndichte wie beispielsweise in Paris würde die gesamte Menschheit weniger Platz einnehmen als im amerikanischen Bundesstaat Texas vorhanden ist).

Bevölkerungsfalle

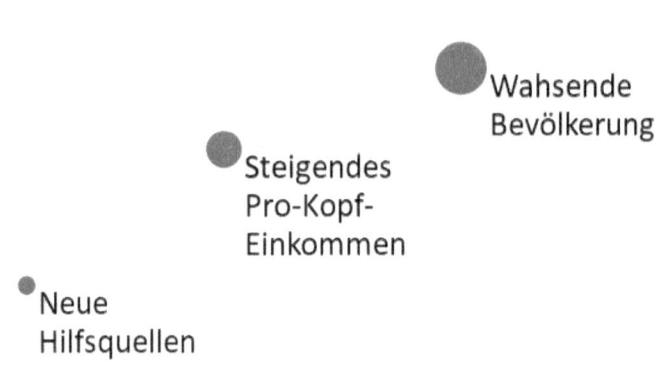

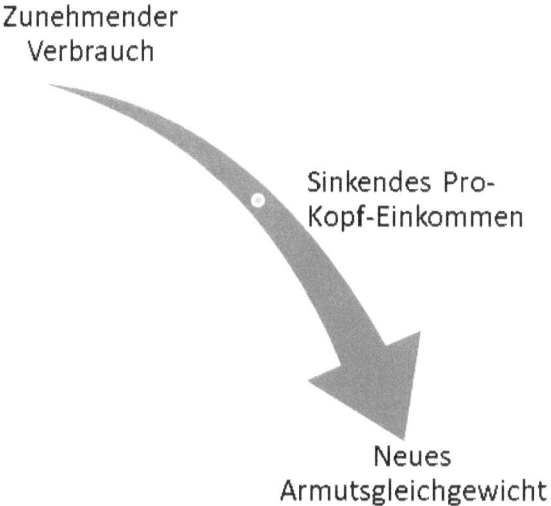

Bis zu Beginn der Industriellen Revolution befand sich die Menschheit in der Bevölkerungsfalle. Sobald mehr Nahrungsmittel pro Kopf verfügbar wurden kam es zu mehr Nachwuchs pro Familie. Mit dem Anstieg der Bevölkerung verschwindet dann wieder der Zugewinn an Nahrungsmitteln pro Kopf.

Erst im Zuge der Industriellen Revolution in den Dekaden um 1800 kam es zu einer Beschleunigung des technischen Fortschritts, sodass die Rate der Nahrungsmittelproduktion die Rate der menschlichen Reproduktion überstieg.

Trotz des starken Anstiegs der Bevölkerung seitdem besteht in den kapitalistischen Ländern außer aufgrund von Kriegen oder anderen Konflikten kein Nahrungsmittelmangel mehr.

In den tausenden Jahren vor Christus wuchs die Weltbevölkerung langsam und relativ stetig. Für die Zeit um Christi Geburt betragen die Schätzungen zwischen 150 und 300 Millionen. Um 1850 erreichte die Zahl Menschen eine Milliarde.

***

Nachdem die Bevölkerungsfalle überwunden war, wurde auch die Gewalttätigkeit – zumindest innenpolitisch - gemäßigt, indem der Schutz des Privateigentums einen hohen Stellenwert in der Rechtsordnung einnahm. Schritt um Schritt etablierte sich in den westlichen Industrieländern eine Rechtsordnung, die das Sondereigentum an

Produktionsmitteln institutionalisierte. Allerdings kann es erst dann zu einer voll produktiven Wirtschaft kommen, wenn das vom eigenen Staat organisierte Schmarotzertum durch eine libertäre Ordnung beendet wird.

Die Abkopplung des wirtschaftlichen Fortschritts von der Bevölkerungsvermehrung fand statt, indem die Zuwachsrate der menschlichen Produktivität durch den technischen Fortschritt die Steigerungsrate der Bevölkerungszahl überstieg. Der Schlüssel hierzu war, als in der Industriellen Revolution erstmals in der Geschichte Firmen entstanden, die Gewinne erzielten und diese Gewinne wieder investierten.

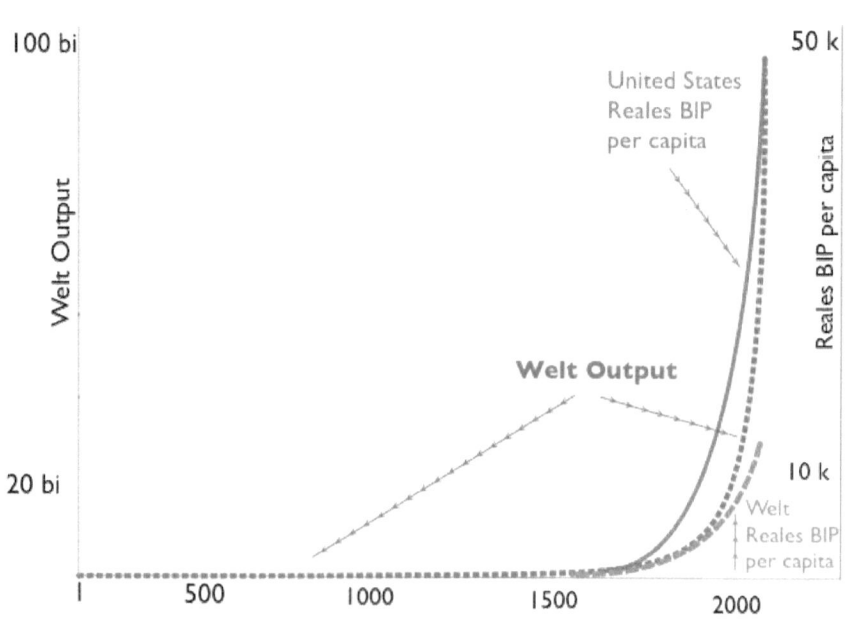

Produktion und Einkommen seit Christi Geburt
(in standardisierte US-Dollar)

Quelle: Eigene Darstellung auf Grundlage von Our World in Data: https://ourworldindata.org/economic-growth

***

Produktion und Einkommen in historischer Perspektive

Bis zur Industriellen Revolution (ca. 1800) befand sich die Menschheit in der Bevölkerungsfalle. Wie Robert Malthus (1766-1834) beobachtete, führt eine höhere Produktion dazu, dass die Bevölkerung stieg und dadurch das Pro-Kopf-Einkommen stagniert.

Erst mit der Industriellen Revolution wurde der Teufelskreis durchbrochen. Durch den technologischen Fortschritt stieg die Pro-Kopf-Produktion schneller als die Wachstumsrate der Bevölkerung.

Diese Tendenz hält an und hat dort zu einer Vervielfachung des Einkommens pro Kopf geführt, wo freie Märkte die Wirtschaftsordnung prägen.

Die Grafik zeigt auf der linken Seite die Produktionsleistung der Welt in Billionen von standardisierten US-Dollars. Derzeit beträgt der „Weltautput" ca. 100 Billionen oder 100 000 Milliarden. Auf der rechten Seit ist das Pro-Kopf-Einkommen pro Jahr in 1000 angegeben. Demnach beträgt dieses in den USA derzeit knapp 50 000 und im Durchschnitt der Welt 10 000 Dollar.

***

In der Ideenwelt des Liberalismus des 19. Jahrhundert nahm das Recht auf Privateigentum an Produktionsmitteln einen zentralen Stellenwert ein. Die staatliche Gewalt wurde von ihrer Raubfunktion theoretisch umformuliert als Garant der Eigentumsrechte. Schutz des Eigentums durch die staatliche Gewalt ist der Kern der Wirtschafts- und Gesellschaftslehre des klassischen Liberalismus. Dies war auch der Punkt, auf den als Gegenposition sich der Sozialismus ausgerichtete.

Der Kapitalismus als Wirtschaftssystem zusammen mit der liberalen Gesellschaftsordnung, so wie sich beide im 19. Jahrhundert entfalteten, traten ihren Siegeszug um die Welt an, weil sich zeigte, dass dieses System zu Wohlstand führt und dass dieser Reichtum mehr Macht bringt. Der Kapitalismus breitete sich aus, weil er erfolgreicher war als die anderen Ordnungssysteme zu dieser Zeit und dadurch Nachahmer fand.

Kapitalismus, so wie er sich ursprünglich entwickelte, bedeutete Marktwettbewerb auf der Grundlage des Rechts auf Privateigentum an Produktionsmitteln, das Anrecht auf Kapitalakkumulation und über die Erträge des Kapitals privat zu verfügen.

Akkumulation von Kapital und Wissen

Wirtschaftliches Wachstum - verstanden als steigendes Pro-Kopf-Einkommen - ist das Ergebnis der Akkumulation von Kapital und Wissen wie es erstmals ausgeprägt in der industriellen Revolution stattfand. Diese Revolution ist die Konsequenz des Triumpfs des Kapitalismus über andere Wirtschaftsformen. Die kapitalistisch strukturierten Volkswirtschaften traten in den Reichtums-Zyklus ein, wonach ein hohes Einkommen ein hohes Sparvolumen möglich macht und damit die Mittel liefert, um zu investieren, was nun wiederum zu mehr Reichtum führt. Die Welt entfloh so dem Teufelskreis von Armut.

Diese Spirale nach oben hält an. Wachstum in diesem Sinn besteht aus Kapitalakkumulation, die möglich ist, weil sie von technischem Fortschritt begleitet wird. Die damit verbundene höhere Produktivität ermöglichte steigende Löhne und Einkommen, was wiederum dazu führte, dass mehr Sachkapital und Humankapital angehäuft werden.

***

Armutsfalle und Reichtums-Zyklus

Die Armutsfalle besteht im Teufelskreis, dass ein niedriges Einkommen mit einem niedrigen Spareinkommen einhergeht, und dass knappe Sparmittel ein niedriges Investitionsniveau bedingen.

Ist das Investitionsniveau niedrig, dann ist auch die Kapitalakkumulation schwach. Eine niedrige Ausstattung mit Kapitalgütern bedingt, dass auch das Einkommen niedrig ist. Solange keine Firmen existieren, die den Profit reinvestieren, gibt es kein Entkommen aus der Armutsfalle.

Die Armutsfalle wandelt sich zum Reichtums-Zyklus, wenn Unternehmen ihre Gewinne sparen und sie reinvestieren. Die Kapitalbildung bei den Unternehmen führt zu einer höheren Produktion der Betriebe. Der Anstieg der Produktivität führt zu höheren Einkommen.

Je höher das Einkommen, desto mehr Sparaufkommen wird verfügbar und desto mehr wird weitere Kapitalbildung und Produktivitätsgewinn ermöglicht. Die Volkswirtschaft erlebt den „Take-off".

***

Der Kapitalismus ist eine Wirtschaftsform, in der sowohl Kapital angehäuft als auch Wissensakkumulation durch den technischen Fortschritt stattfindet. Wegen der laufenden Innovationen ist das kapitalistische Wachstum nicht in erster Linie quantitativer Art, sondern wesentlich qualitativ. Kapitalistisches Wirtschaftswachstum besteht darin, ein wachsendes Angebot an besseren, billigeren und vielfältigeren Produkten hervorzubringen und diese möglichst kostengünstig zu produzieren.

Technischer Fortschritt ist für diesen Prozess ausschlaggebend, denn der bloßen Anhäufung von Kapital ist die Grenze gesetzt, dass die Ertragsraten des Kapitals marginal abnehmen. Jede neue Einheit von

Kapital, wenn sie bei stagnierendem technischem Fortschritt und konstanter Bevölkerung vorgenommen wird, geht mit einem geringer werdenden Grenzertrag einher. Gleichzeitig zeigt es sich aber, dass die Kosten der Kapitalerhaltung eine feste Rate aufweisen.

Ohne technischen Fortschritt kommt die Wirtschaft zum Stillstand, wenn die Kosten, um das Kapital zu erhalten höher als die Kapitalerträge sind. Dann muss der Kapitalstock unweigerlich schrumpfen. Keine Volkswirtschaft kann es sich dauerhaft leisten, Kapitalanlagen zu erhalten, bei denen die Abschreibungsrate die notwendigen Erhaltungsinvestitionen übersteigt.

Damit in einer Wirtschaft die Pro-Kopf-Einkommen ansteigen, muss es technischen Fortschritt geben. Je reicher eine Volkswirtschaft und je höher der Kapitalbestand schon ist, desto wichtiger wird der technische Fortschritt. Je reifer in diesem Sinne eine Volkswirtschaft ist, desto bedeutsamer werden Humankapital und Technologie.

Man kann zwar für eine gewisse Periode das volkswirtschaftliche Wachstum ohne technischen Fortschritt erhöhen, falls es gelingt, eine höhere Sparrate zu erzielen, sodass vom jeweiligen Einkommenszuwachs ein größerer Anteil gespart wird. Dies würde eine entsprechend höhere Investitionstätigkeit ermöglichen und so zu einem höheren Kapitalbestand und zu einem höheren Einkommen führen.

Dieser Prozess funktioniert aber nur zeitweilig, da es über kurz oder lang wieder zum grundlegenden Dilemma kommt, dass die Grenzerträge des Kapitals hinter den Grenzkosten der Erhaltung des Kapitals zurückbleiben. Wird weiter Kapital akkumuliert, zum Beispiel angeregt durch eine expansive Konjunkturpolitik, so führt das dazu, dass die Grenzkosten den Grenzertrag des Kapitals übersteigen. Die Kapitalerträge sind dann geringer als die Kosten der Kapitalerhaltung. Daraus folgt, dass Investitionen nicht immer vorteilhaft sind. Eine expansiv ausgerichtete Wirtschaftspolitik bewirkt das Gegenteil der Absicht, wenn die Maßnahmen zur Bildung von mehr Kapital anregen als das Sparaufkommen tragen kann.

Die Akkumulation von Humankapital besteht im Erwerb von produktiven Fertigkeiten durch die Erwerbstätigen. Ein höheres Niveau an Humankapital bewirkt, dass mit dem bestehenden physischen Kapital höhere Erträge erzielt werden. Ein Anstieg des Humankapitals bringt so höhere Einkommenserträge mit sich, ohne dass der Anteil des Sachkapitals gesteigert werden muss. Humankapital besagt, dass das bestehende Kapital besser genutzt wird.

Darüber hinaus kann der Kapitalertrag gesteigert werden, indem die Arbeitsteilung zunimmt, also mehr Handel betrieben wird. Wenn sich in der Gesellschaft die Teilnehmer wechselseitig auf diejenigen Tätigkeiten spezialisieren, wo sie komparative Vorteile genießen, werden sie zusammen höhere Erträge als die Summe ihrer individuellen Produktion erzielen. Zunehmende Kommerzialisierung auf lokaler, regionaler, nationaler und globaler Ebene bewirkt, dass die wirtschaftliche Leistungsfähigkeit gestärkt wird und die Einkommen steigen.

***

Fundamente des wirtschaftlichen Wachstums

	Produktive Produktionsumwege	
Bildung von Sachkapital	Erwerb von Humankapital	Durchsetzung von Innovation

Zu Wirtschaftswachstum kommt es, wenn produktive Produktionsumwege eingeschlagen werden. Anstatt ein Gut direkt herzustellen, erfolgt die Produktion eines Zwischengutes. Das Zwischengut dient als Mittel, um die Produktivität zu erhöhen.

Sachkapital sind Investitionsgüter, die zur Herstellung anderer Güter dienen. Humankapital umfasst die Qualität der menschlichen Arbeit, die durch Ausbildung und den Erwerb von Fertigkeiten erhöht wird.

Innovation ist die Anwendung neuer Ideen auf den Produktionsprozess. Innovation umfasst neue Produkte, neue Produktionsmethoden, die Erschließung neuer Märkte und die Durchsetzung neuer Organisationsformen. Ideen führen zu neuen Produkten, zu besseren Produkten, zu billigeren Produkten, und zu einer größeren Vielfalt und Qualität der Güter.

Innovation ist die unternehmerische Verwirklichung von Geschäftsideen. Den Unternehmern kommt die Funktion zu, diese Einfälle, die die Produktivität erhöhen, zu realisieren. Innovation ist Ausdruck der menschlichen Kreativität. Technischer Fortschritt ist immateriell. Es sind letztlich Ideen, Gedankenblitze, die den wirtschaftlichen Fortschritt vorantreiben, indem sie von tatkräftigen Unternehmern realisiert werden.

***

Wachstum hängt von der Fähigkeit von Wirtschaft und Gesellschaft ab, Innovationen hervorzubringen. Technischer Fortschritt ist der Schlüssel zum wirtschaftlichen Wachstum. Technologische Kenntnis ist eine Gebrauchsanleitung, wie die menschliche Arbeitskraft in ihrem Zusammenspiel mit Kapital erhöht werden kann. Technischer Fortschritt ist ein geistiges Phänomen. Für das Wirtschaftswachstum kommt es dabei nicht nur darauf an, Ideen zu finden, sondern diese am Markt gewinnbringend zu verwirklichen. Erst der kommerzielle Test zeigt, ob die Neuerung nützlich ist oder nicht.

Keine Innovation lässt sich reibungslos verwirklichen. Neuerungen stoßen auf Widerstand. Dazu zählen nicht allein technische und finanzielle Hindernisse, sondern auch die gesellschaftlichen Barrieren, nämlich der Widerstand, den die Bevölkerung dem technischen Fortschritt entgegensetzt.

Kapitalakkumulation erfolgt, indem eine einfache Produktionsmethode durch einen produktiven Produktionsumweg erweitert wird, um ein besseres Ergebnis im Einsatz der Produktionsfaktoren zu erreichen. Um einen Produktionsumweg einzuschlagen, werden Sparreserven benötigt. Dazu ist es nötig, das aktuelle Einkommen nicht vollständig für den Verbrauch auszugeben. Das nicht verbrauchte Einkommen dient dazu, solche Tätigkeiten zu verrichten, deren Ertrag erst später erzielt wird. Dies geschieht zum Beispiel dadurch, nicht alles geschlagene Holz zum Einheizen zu verwenden, sondern einen Teil davon für den Bau eines Hauses oder für die Konstruktion einer Brücke.

Bei der Akkumulation von Humankapital wird ein Teil der Zeit für die Ausbildung genutzt. Innovation kommt dadurch zustande, dass neue Ideen ausprobiert werden, statt immer wieder dieselben Verfahren zu verwenden oder immerzu dieselben Produkte herzustellen.

Ohne Freiheit kein Fortschritt

Innovation benötigt Freiheit in allen seinen Formen, zur privaten Initiative ebenso wie zur Information. Bloße Ideen genügen nicht. Damit Innovation zustande kommt, müssen die Ideen realisiert und ihre Verwirklichung bekannt gemacht werden. Innovation braucht Kommunikation. Gedankenaustausch setzt voraus, dass ohne Restriktion die Möglichkeit besteht, neue Ideen publik zu machen, frei zu diskutieren und fortzuentwickeln. Dies ist zum einen ein technisches Problem und berührt die Frage, über welche Kommunikationsmittel man verfügt. Wirtschaftlicher Fortschritt geht Hand in Hand mit unternehmerischer Freiheit. Beides gedeiht dort gut, wo auch Meinungsfreiheit herrscht. Innovation muss bekannt gemacht werden, um einen Markt zu finden. Ob sich eine Innovation durchsetzen kann, hängt unter anderem davon ab, wie rasch sie zu einem Verkaufserfolg werden kann. Deshalb ist Produktwerbung für neue Produkte besonders wichtig.

In dieser Hinsicht war für die industrielle Revolution die Erfindung des Buchdrucks mit beweglichen Lettern ein entscheidender Vorläufer, denn sie machte die Produktion von Büchern und damit die Verbreitung von Texten schlagartig billiger. Heute gilt das für die elektronischen Kommunikationsmittel.

Innovation heißt schöpferische Zerstörung und als solche stößt sie auf Widerstand. Je mehr die wirtschaftliche und die politische Macht miteinander verbunden sind, desto leichter fällt es den Inhabern der wirtschaftlichen Macht, Neuerungen mit politischen Mitteln abzublocken. Dies war in der Vergangenheit weltweit der Fall. Amerika war die erste große Ausnahme.

Der wirtschaftliche Siegeszug der Vereinigten Staaten gründet unter anderem darauf, dass es in den USA gegen die Verbreitung von Ideen weniger Hindernisse als in den anderen Ländern gibt. Bereits im 18. Jahrhundert, als Konsequenz der prinzipiellen Religionsfreiheit, gab es auch Meinungs- und Publikationsfreiheit, während in Europa vielfach noch politische Zensur herrschte. Schon früh blühte in den USA das Pressewesen. Amerika war auch führend in der Alphabetisierung und der allgemeinen Schulbildung lange bevor der Staat auf diesem Gebiet tätig wurde. Schließlich war Amerika das Land, welches mit seiner Unabhängigkeit auch die Gewerbefreiheit einführte und damit die Grundlage schuf für das amerikanische Unternehmertum. Je mehr ein Land oder eine Region sich der freien Marktwirtschaft verschreibt, desto eher und deutlicher kommt es dort zum wirtschaftlichen Aufstieg.

In den USA herrschte Religionsfreiheit, Meinungs- und Pressefreiheit zusammen mit der Freiheit des unternehmerischen Handelns, dem wenig oder überhaupt keine bedeutende politische Macht entgegenstand. Wem es an der Ostküste nicht passte, zog gen Westen und entkam mit jeder Meile den etablierten Mächten.

Nach dem Ende des amerikanischen Sezessionskrieges (1861-1865) setzte eine lange Phase des wirtschaftlichen Wachstums ein, das dann vor allem zur Jahrhundertwende zu einer langen Reihe von verbraucherorientierten Innovationen führte.

Während auf dem alten Kontinent die bahnbrechenden Erfindungen größtenteils noch auf den Investitionsgüterbereich beschränkt stattfanden, gab es in den USA schon zur Jahrhundertwende bedeutende Innovation im Konsumgütermarkt. In kurzer Zeit sollte sich die Lebenswirklichkeit der breiten Massen grundlegend ändern, angefangen mit Telefon, Kühlschrank, Radio und Film bis hin zum Auto als Massenprodukt und Hotel- und Restaurantketten.

Das wirtschaftliche Wachstum brachte Dinge in die Hände der einfachen Leute, von denen selbst die mächtigsten Herrscher der Vergangenheit nicht einmal träumen konnten. Heute lebt der Durchschnittsverdiener in den entwickelten Industrieländern um ein Vielfaches besser als die reichsten und mächtigsten Personen vor der Industriellen Revolution. Selbst arme Familien besitzen die Standardgüter, die einen modernen Haushalt kennzeichnen. Der Grund für diesen Erfolg ist die strikte Aufrechterhaltung von Meinungsfreiheit und eine möglichst ungehemmte unternehmerische Tätigkeit. Beides ist immer und überall in Gefahr.

Auch die Vereinigten Staaten sind nicht vor einem Rückfall in die Zensur gefeit. Das war so während des Unabhängigkeitskriegs und während des Ersten und Zweiten Weltkrieges der Fall. Heute greift eine neue Form der Zensur um sich, indem im Zuge der politischen Korrektheit und dem Einfluss von speziellen Interessen die Meinungsfreiheit eingeschränkt wird. Hinzu kommt eine unternehmens- und innovationsfeindliche Rechtsprechung. Es verwundert nicht, dass gleichzeitig mit der Beschränkung der Meinungsfreiheit auch die wirtschaftliche Freiheit zurückgeht. Auch in den USA ist heute die unternehmerische Tätigkeit in Gefahr. Im internationalen Ranking der wirtschaftlichen Freiheit befinden sich die USA auf dem absteigenden Ast.

Je mehr die Vereinigten Staaten in Zukunft im Wachstum zurückfallen, desto mehr werden andere Länder in den Vordergrund rücken, wenn diese den Mut haben, volle Meinungs- und Pressefreiheit und der unternehmerischen Tätigkeit freien Lauf zu lassen.

Relation zwischen wirtschaftlicher Freiheit und sozialen Fortschritt

Quelle: Heritage Foundation. Economic Freedom Index

Es gibt einen deutlichen Zusammenhang zwischen wirtschaftlicher Freiheit und Einkommen und zwischen wirtschaftlicher Freiheit und sozialem Fortschritt. Je freier die Wirtschaft eines Landes ist, desto ausgeprägter ist die soziale Mobilität und desto günstiger sind andere Kriterien des sozialen Fortschritts wie Gesundheit, bessere Umwelt, Humanentwicklung, Partizipation und Reduktion von Armut. Die Kausalkette läuft von der wirtschaftlichen Freiheit zum wirtschaftlichen Wachstum und von dort zu höherem Einkommen und zu mehr Wohlstand.

Antony P. Mueller

Wirtschaftswachstum schafft Wohlstand

Wirtschaftliches Wachstum ist die Quelle des Wohlstands. Wer gegen Wachstum ist, spricht sich gegen den Wohlstand aus und plädiert damit, ob er will oder nicht, für Armut. Wachstum benötigt als Grundlage eine solide Eigentumsordnung und auf diese aufbauend unternehmerische Freiheit. Das ist der Grundgedanke des ‚Laissez-Faire'.

Der Staat soll sich auf die Sicherung von Eigentumsrechten beschränken. Je verlässlicher der Staat dies tut, desto mehr können sich die Wirtschaftsakteure auf ihre wirtschaftliche Tätigkeit konzentrieren. Häufig wird aber die wirtschaftliche Tätigkeit vom Staat sabotiert. Anstatt Unternehmungsgeist und Arbeitsneigung zu fördern, wird Kapital und die Arbeit mit Steuern belegt.

Der Staat behandelt Arbeit so, als handele es sich um eine Art Gift, dessen Gebrauch besteuert werden, um ihn einzuschränken. Steuern und Abgaben machen Arbeit teurer und reduzieren ihre Nutzung. Die Absurdität des modernen Steuerstaates zeigt sich daran, dass er mit der Arbeit solche Aktivitäten belastet, von denen die Existenz des Fiskalstaates abhängt. Die Einkommenssteuer ist ein Kind des 20. Jahrhunderts. Sie ist das unverzichtbare Komplement des im selben Jahrhundert sich entfaltenden Kriegs- und Wohlfahrtsstaates.

Die Arbeitskraft wird nicht nur durch Nebenkosten belastet. Der Staat greift auch direkt in die Lohnsetzung ein, sei es durch Mindestlöhne oder durch die vielfältigen anderen Arbeitsmarktregelungen. Bevor jemand selbständig wirtschaftlich tätig werden kann, also das natürlichste aller natürlichen Dinge zu tun versucht, nämlich zu arbeiten, muss er dazu Erlaubnisse einholen. In vielen Ländern der Welt ist der juristische Vorgang, um eine Firma zu eröffnen, ein bürokratischer Hürdenlauf, der langwierig, teuer und unberechenbar ist. Es ist kein Wunder, dass jene Länder besonders arm sind, wo es am schwierigsten ist, eine Firma zu gründen und sich die Länder mit einem hohen Pro-Kopf-Einkommen durch eine geringe Schwelle zur Unternehmungsgründung auszeichnen.

Politische Macht ist der Feind des Wirtschaftswachstums. Auch heutzutage versuchen die Gruppen in der Gesellschaft, neue Konkurrenten auszuschließen. Die Mittel dazu sind: schwierige bürokratische Vorschriften, hohe formale Steuerlasten und schwer überwindbare Markteintrittsbarrieren.

Je größer und je alteingesessener eine Firma ist, desto leichter kommt sie mit den komplizierten staatlichen Regelwerken zurecht. Für junge Unternehmen, die in Märkte neu eindringen wollen, erweisen sich Bürokratie und Steuern als schwer zu überwindende Hürden. Reglementierungen treiben die Kosten hoch und errichten Eintrittsbarrieren gegen den neuen Markteintritt. Undurchsichtige und widersprüchliche bürokratische Rechtsvorschriften führen dazu, dass nur wenige Unternehmen in neue Märkte vorstoßen und innovativ die etablierten Firmen herausfordern können.

Wenn zum Beispiel Gesetze gegen Entlassungen es schwermachen, Arbeitskräfte abzubauen, wenn ein Projekt fehlschlägt, so führt dies nicht dazu, dass Arbeitsplätze gesichert werden, sondern dazu, dass unternehmerische Wagnisse nicht eingegangen werden und so von vornherein keine neuen Arbeitsplätze entstehen. Je neuer, je innovativer und je gewagter ein Unternehmen ist, desto mehr ist es dem Risiko des Scheiterns ausgesetzt. Als solches muss es den Rückzug von Anfang an einkalkulieren.

Technischer Fortschritt bedeutet steigende Produktivität und somit ein höheres Lohnniveau. Die Gewerkschaften sind außerstande, den allgemeinen Durchschnittslohn zu erhöhen, wenn die Produktivität stagniert. Gewerkschaftliche Macht kann lediglich innerhalb der Arbeiterschaft die Lohneinkommen umverteilen. Ein Streik richtet sich so gegen die anderen Arbeiter in einer anderen Branche, die nicht oder noch nicht streiken.

Diese Maßnahmen, auch wenn sie mit den besten Absichten eingeführt werden, hemmen das Wirtschaftswachstum, verhindern das Entstehen neuer und besserer Arbeitsplätze und lähmen das Wirtschaftswachstum, wovon letztlich der Wohlstand abhängt. Am Ende sind es die Arbeiter selbst, welche die Kosten tragen. Scheinbar geschützt, verlieren sie die Chance auf höheren Wohlstand.

Im Sozialismus wird die Wirtschaft vom Staat umfassend geregelt. Die Arbeitsplätze sind sicher und Löhne und Preise stabil. Tatsächlich aber ist mit diesem System die Stagnation der Einkommen verbunden und unter der Arbeiterschaft herrscht Massenarmut.

Wohlstand benötigt Wirtschaftswachstum und Wirtschaftswachstum braucht unternehmerische Freiheit. Wirtschaftliches Wachstum besteht nicht darin, immer größer zu werden, sondern sich besser an die Verbraucherwünsche anzupassen. Alle Erfindungen dienen dazu, bestehende Grundbedürfnisse – Nahrung, Kleidung, Wohnen, Transport usw. - besser zu befriedigen. Technischer Fortschritt besteht darin, die bestehenden Grundbedürfnisse besser und kostengünstiger zu befriedigen. Häufig erfolgt dies dadurch, dass sich der Einsatz an Kapital verringert, so wie man heute eine ganze Bibliothek an Büchern in einem USB-Stick mit sich herumtragen kann.

Investieren beinhaltet auf gegenwärtig möglichen Verbrauch teilweise zu verzichten, um in Zukunft ein höheres Verbrauchsniveau zu erlangen. Nötig für das Wirtschaftswachstum ist somit eine geringe Zeitpräferenz. Zeitpräferenz bedeutet die dem menschlichen Verhalten innewohnende Neigung, den Wert des gegenwärtigen und nächstliegenden Verbrauchs höher einzuschätzen als den weiter in der Zukunft liegenden Konsum. Zeitpräferenz in diesem Sinne ist überlebensnotwendig. Dem Menschen nützt es wenig, über eine hundertfache Mahlzeit in einem Monat zu verfügen, wenn für die nächsten Wochen das Essen fehlt. Zeitpräferenz ist somit sinnvoll. Andererseits bringt die Akkumulation von Kapital ein zukünftig höheres Einkommen zustande und das macht eine geringere Zeitpräferenz notwendig.

Wachstum benötigt die Akkumulation von Sach- und Humankapital und setzt so zeitweiligen Konsumverzicht voraus. Sparen finanziert die Investitionen und bildet die Grundlage des Wirtschaftswachstums, wenn die Kapitalakkumulation mit Innovation verbunden ist. Allerdings findet gesamtwirtschaftlich kein Sparen statt, wenn das Sparaufkommen des einen dem Konsum eines anderen zugeleitet wird.

Wenn jemand Staatsanleihen erwirbt, so schaut das individuell so aus, als würde er sparen, tatsächlich aber dient hier der Konsumverzicht des einen dazu, den Konsum anderer zu finanzieren, wenn das durch die Anleihen dem Staat zufließende Geld dazu dient, Renten und Pensionen auszuzahlen und über die staatlichen Gehaltszahlungen dem Konsum des Staatspersonals zufließen.

Zeitpräferenz ist überlebensnotwendig, indem sie das menschliche Handeln dazu drängt, heute schon gut zu essen und gut zu schlafen und nicht den ganzen Verbrauch auf morgen und übermorgen zu verschieben.

Wirtschaftswachstum erfordert allerdings temporären Konsumverzicht und das heißt, dass die Zeitpräferenz der willentlichen Kontrolle unterworfen wird. Generell gilt, dass Gesellschaften mit geringer Zeitpräferenz, wo eine Kultur des disziplinierten Wartens vorherrscht, eine höhere Spar- und Investitionsneigung aufweisen. Eine niedrigere Zeitpräferenz bedingt eine höhere Rate der Akkumulation von Kapital und bewirkt eine höhere Wachstumsrate gegenüber Gesellschaften mit einer hohen Zeitpräferenz.

Hinsichtlich der Zeitpräferenz gibt es ein ähnliches Dilemma wie bei der Armutsfalle. Je ärmer die Menschen sind, desto dringender ist die Befriedigung von unmittelbaren Bedürfnissen was automatisch eine hohe Rate der Zeitpräferenz beinhaltet. Umgekehrt erleichtert bestehender Wohlstand den temporären Verzicht in der Erwartung, später zu einem höheren Wohlstandsniveau zu gelangen.

Eine niedrige Zeitpräferenz befördert das Sparen und dadurch Investition und Kapitalbildung als Grundlage des wirtschaftlichen Wachstums und somit der Zunahme des Reichtums. Tendenziell sinkt die Zeitpräferenz, je weiter die Kapitalakkumulation voranschreitet. Wer hat, dem wird gegeben.

***

Zins, Konsum und Sparen

Der nominale Marktzins ergibt sich aus dem Zusammenspiel zwischen der Geldmenge und dem aktuellen und erwarteten Preisniveau. Der reale Marktzinssatz vermindert sich gegenüber dem nominalen Zinssatz um die Inflationsrate.

Bestimmungsgründe des Zinssatzes

- Zeitpräferenz
- Preisniveau
- Geldmenge
- Marktzinssatz

Die Zeitpräferenz bestimmt den natürlichen Realzins als Diskontrate zwischen gegenwärtigen und zukünftigen Gütern und somit der Relation zwischen Konsum und Sparen.

Relation zwischen Konsum, Sparen und Zeitpräferenz

Konsum	Sparen
steigende Zeitpräferenz	Fallende Zeitpräferenz

Eine hohe Zeitpräferenz bedeutet, dass Gegenwartsgüter gegenüber zukünftigen Gütern derselben Art hoch bewertet werden. Entsprechend steigt der natürliche Zinssatz. Je unsicherer die Zukunft eingeschätzt wird, desto höher steigt der natürliche Zinssatz, da die Zeitpräferenz zunimmt. Im Extremfall, dass morgen die Welt untergeht, würde die Zeitpräferenz unendlich sein und ebenso der Zinssatz. Umgekehrt würde ewiges Leben eine gegen Null tendierende Zeitpräferenz und einen entsprechend niedrigen Zinssatz implizieren.

Der natürliche Zinssatz kennzeichnet die relative Verteilung zwischen Konsum und Sparen.

Je höher die Zeitpräferenz und entsprechend der natürliche Zinssatz, desto mehr wird der Konsum dem Sparen vorgezogen.

Insoweit wie das Sparvolumen die Höhe der Investitionen bestimmt, hängen die Investitionen von der Zeitpräferenz ab. Dies erklärt, weshalb ein sinkender Marktzinssatz nicht notwendigerweise zu steigenden Investitionen führt.

Die Zentralbank bestimmt über die Kontrolle der Basisgeldmenge den Basiszinssatz. Die Inflationseinschätzung durch die Marktteilnehmer bestimmt den Marktzinssatz.

Das tatsächliche Volumen von Konsum und Sparen und damit der Investitionen jedoch hängt von der Zeitpräferenz ab.

Im Extremfall kann der nominale Zinssatz auf null oder sogar unter null sinken und trotzdem die Investitionstätigkeit nicht anregen, wenn die Zeitpräferenz hoch ist und damit ein hoher natürlicher Zinssatz herrscht.

∗∗∗

Damit in einer Volkswirtschaft „produktive Produktionsumwege" vollzogen werden können, müssen Subsistenzreserven vorhanden sind, die einerseits sicherstellen, dass während des Umweges die Erwerbstätigen und ihre Familien versorgt werden und andererseits gewährleistet ist, dass genügend Reserven auch bleiben, wenn das Projekt scheitern sollte. Reine Kapitalakkumulation ist zwar weniger unsicher als Innovation, bringt aber fortschreitend weniger marginale Erträge. Innovation hingegen, wenn sie gelingt, bringt hohe Grenzerträge mit sich, aber der Erfolg von neuen Projekten ist zu Beginn höchst unsicher. Auch hier ist es ganz entscheidend, dass Firmen vorhanden sind, die Gewinne erzielen, die wieder reinvestiert werden. Hohe Unternehmenssteuern sind der Feind des technischen Fortschritts.

An den bestehenden Umständen ausgerichtete Investitionen bringen relativ sichere Erträge, die aber schrittweise geringer werden. Investitionen in neue Projekte hingegen sind unsicher, bringen aber, wenn sie gelingen, hohe Erträge. Der wirtschaftliche Fortschritt hängt davon ab, dass solche innovative Investition getätigt wird.

∗∗∗

Wertschöpfung und Kapitalstruktur

Der Produktionsprozess verteilt sich über zahlreiche Stadien, wobei erst am Ende des Prozesses, wenn das Gut beim Verbraucher ankommt und dieser es bezahlt, der Erlös erzielt wird, um die in den vorhergehenden Stadien erbrachten Leistungen zu vergüten.

Der kapitalistische Produktionsprozess findet als sogenannte „Umwegproduktion" statt. Anstatt direkt mit der bloßen Arbeitskraft den Lebensunterhalt zu beschaffen, wird ein Zwischengut hergestellt, welches die Herstellung der erwünschten Konsumgüter erleichtert. Die Umwegproduktion erhöht die Produktivität der menschlichen Arbeit. Kapital ist das Mittel zum Zweck, eine höhere Leistungskraft der menschlichen Arbeit zu erzielen.

Produktionsstufen

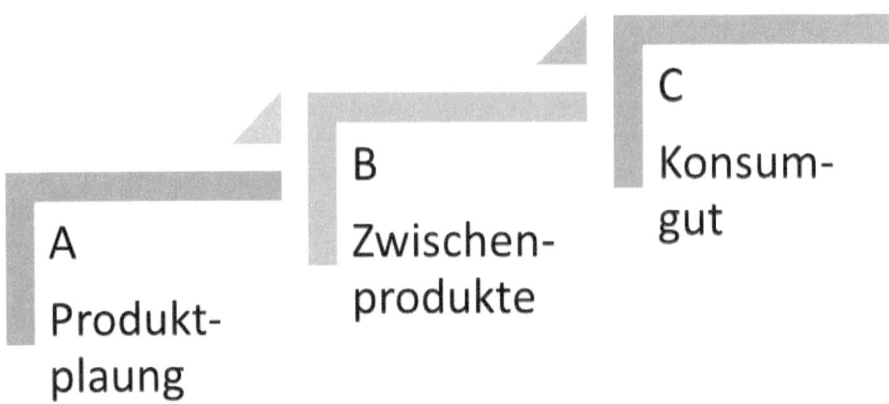

Um den Produktionsprozess aufrechtzuerhalten, ist es zum einen nötig, die Kapitalstruktur zu erhalten. Zum anderen verlangen die Lohnempfänger schon vor Konsumreife der Produkte, dass ihnen ein Salär ausgezahlt wird. In diesen beiden Aufgaben besteht die Funktion der Kapitalisten. Der Beitrag der Kapitalisten zur Produktion liegt darin, die Kapitalstruktur zu erhalten und zu erweitern und bis zur Konsumreife die ausbezahlten Gehälter und Löhne vorzuschießen.

Das Ausmaß der Umwegproduktion hängt vom Umfang der Subsistenzmittel ab. Nicht der jeweils höchstmögliche Grad an Produktivität ist die Richtschnur, sondern inwieweit Ressourcen für den Zeitraum zur Verfügung stehen, in denen das Zwischenprodukt gefertigt wird und die Arbeitskraft von der Produktion der Konsumgüter abgestellt und entsprechend für die Herstellung von Investitionsgütern verwendet wird.

Interventionismus

Es gibt keine Wachstumsschwäche aufgrund von rein ökonomischen Bedingungen. Zur Stagnation kommt es durch die Politik. Während der lange Weg aus der Armut durch die Armutsfalle, die Gewalttätigkeitsfalle und die Bevölkerungsfalle gehemmt ist, entsteht bei den fortgeschrittenen Ökonomien die „Falle des mittleren Einkommens", die darin besteht, dass die Gesellschaft sich gegen die schöpferische Zerstörung durch Innovation stellt und die Wohlstandsfalle, die darin besteht, soziale Sicherheit dem Wachstum vorzuziehen. Anstatt den Umbruch zu tolerieren und möglichst rasch sich vollziehen zu lassen, wird der wirtschaftliche Fortschritt gebremst. Am Anfang schaut es so aus, als ob dies einen Anstieg der durchschnittlichen Einkommen bedeuten würde. Tatsächlich jedoch wird der Durchschnitt langfristig in dem Ausmaß gesenkt, wie diese Politik die gesamtwirtschaftliche Produktivität untergräbt.

Die Wohlstandsfalle besteht darin, dass die Gesellschaft die Umverteilung höher bewertet als den Einkommenszuwachs. Das gesellschaftliche Interesse konzentriert sich auf die Verteilung des Kuchens und vernachlässigt, dass der Kuchen auch wachsen soll. Dabei herrscht die Illusion, Produktion sei unabhängig von ihrer Distribution, man könne also umverteilen, ohne die Produktionsleistung zu schwächen.

Mehr Verteilungsgerechtigkeit geht aber auf Kosten der Leistungsgerechtigkeit. Man kann die Idee der Gerechtigkeit nicht ohne Widerspruch bloß auf die Distribution beschränken. Die Gerechtigkeitsregel muss auch dafür gelten, dass man für die eigene Leistung entlohnt wird. Dass man die Leistungsgerechtigkeit missachtet, ist an sich schon ungerecht und noch dazu irrational, da Distribution ja erst möglich wird, wenn es etwas zum Verteilen gibt, dass also erst überhaupt Produktion stattfindet.

Umverteilung ist ungerecht und ökonomisch unvernünftig, weil sie diejenigen bestraft, die die Leistung erbringen. Mit zunehmender Umverteilung von Einkommen und Vermögen sinkt die Leistungsbereitschaft des aktiven Teils der Bevölkerung. Das Schmarotzertum nimmt zu. Die Gesellschaft verarmt.

Je mehr Umverteilung, desto mehr entziehen sich die Leistungserbringer dieser Gesellschaft ihren Beitrag zu leisten. Letztlich sind es dann gerade die Armen selbst, die den Preis zahlen, denn sie trifft die mit der Wachstumsschwäche einhergehende Zunahme der Arbeitslosigkeit und Einkommensstagnation am härtesten.

Es ist problematisch, der Frage der Gerechtigkeit zu viel Gewicht beizulegen. Die Lebenswirklichkeit zeigt, dass der Zufall in Form von Glück und Unglück in allen seinen Formen jede Art von gewollter Gerechtigkeitsstiftung unterläuft. Gerechtigkeit und Gleichheit sind nicht von dieser Welt.

Den Wohlfahrtsstaat zu stoppen, ist deshalb wichtig, weil seine nachteiligen Effekte auf das Wirtschaftswachstum anfänglich nicht sichtbar sind. Eine Zeitlang kann schwaches Wirtschaftswachstum durch Kapitalverzehr ausgeglichen werden. Statistisch wird auch der Konsum zum Sozialprodukt gezählt und ein erhöhter Konsum, auch wenn er durch den Verzicht auf Kapitalbildung oder gar durch Kapitalverzehr finanziert wird, erscheint auf dem Papier als Wirtschaftswachstum, obgleich es sich um einen Scheineffekt handelt.

Eine heimtückische Form von Kapitalverzehr findet durch die Staatsverschuldung statt. Defizite des Regierungshaushaltes bedeuten, dass das volkswirtschaftliche Sparvolumen verringert wird und das volkswirtschaftliche Investitionspotenzial sinkt. In die aktuelle volkswirtschaftliche Statistik gehen die Ausgaben – ob sie nun vom Staat oder von privater Seite erfolgen - gleichermaßen als Beitrag zum Sozialprodukt ein. Während jedoch die getätigten Staatsausgaben heute schon den Begünstigten zugutekommen, schlägt die durch die Staatsverschuldung hervorgerufene geringere Kapitalbildung erst später als schwächeres Wirtschaftswachstum zu Buche.

***

Produktivitätsentwicklung

Eine neue Phase der Wachstumsschwäche entstand in fast allen Industrieländern als Folge der Expansion der Staatsverschuldung, die in den 70er Jahre einsetzte und anhält. Die Industrieländer müssen nun erfahren, wie schwer es ist, aus dem Strudel herauszukommen. Am deutlichsten zeigt sich dies am Rückgang der Steigerungsrate der Produktivität, die in allen großen Industrieländern seit den 70er Jahren aufgetreten ist – zusammen mit dem starken Ausbau des Wohlfahrtsstaates und dem Anstieg der Staatsverschuldung.

Staatsverschuldung führt zur Wachstumsschwäche. Die Wachstumsschwäche bringt ihrerseits höhere Staatsausgaben und so eine steigende Schuldenlast mit sich. In der Wachstumskrise nimmt der Bedarf an Sozialleistungen zu.

Diese Redistribution führt dann erneut zu geringerem Wachstum. Seit Jahrzehnten stecken zahlreiche Länder in dieser Falle. Die Wachstumsschwäche wird fälschlicherweise der Marktwirtschaft angekreidet. Die antikapitalistische Haltung in der Bevölkerung nimmt zu, da die wirklichen Zusammenhänge von den Bürgern meist nicht durchschaut werden.

Der Ausbau des Wohlfahrtsstaates und die zunehmende Staatsverschuldung stellen die Hauptursachen des Rückgangs der Produktivitätsrate dar. Die Produktivität eines Landes bestimmt das Einkommensniveau.

Ohne Produktivitätsgewinne kann es keine Steigerung des realen Pro-Kopf-Einkommens geben.

**Produktivitätswachstum Deutschland seit 1970
Jahresraten und Trend**

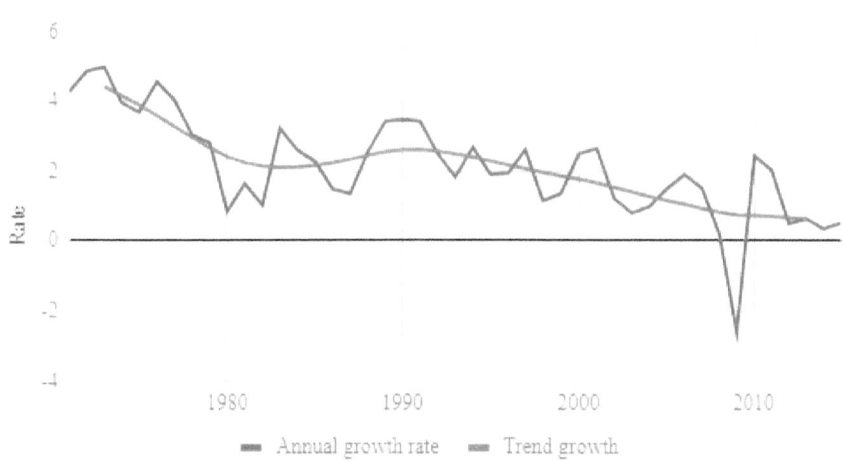

Quelle: Focus Economics: https://www.focus-economics.com/blog/why-is-productivity-growth-so-low-23-economic-experts-weigh-in

Kreative Zerstörung

Modernisierung bringt es mit sich, dass das Bestehende veraltet. Weniger wettbewerbsfähige Produktionsformen werden verdrängt. Mit dem Verschwinden obsolet geworden Güter, werden auch die darauf bezogenen Erwerbsquellen zerstört. Jede neue Produktionstechnik oder neue Organisationsform macht einen Teil der bestehenden Strukturen unbrauchbar. Jedes neue, bessere Produkt macht die alten Güter weniger attraktiv.

Innovation ist kreative Zerstörung. Die Effekte des technischen Fortschritts sind nicht auf die Wirtschaft beschränkt, sondern greifen auf die Gesellschaft über und rufen die Politik auf den Plan. Wenn der gesellschaftliche Widerstand stark genug ist, dass er sich der Politik bemächtigen kann, und diese dann versucht, die Innovation zu blockieren, werden Innovationen unterbleiben.

Je mehr die Politik die Widerstände von den durch die Innovation negativ Betroffenen aufgreift und innovative Projekte blockiert, desto mehr kommt es zu schwächerem Wirtschaftswachstum. Diese Blockade hat über Jahrtausende existiert. Sie wurde erst in der Industriellen Revolution durchbrochen.

Dass dies vor etwas mehr als zweihundert Jahren der Fall war, heißt aber nicht, dass Innovationen freie Bahn hätten. Die Gegenkräfte sind stets vorhanden. Sie finden ihre Verbündeten nicht nur in der Politik, sondern nicht selten auch bei den etablierten Wirtschaftsführern, die um ihre Pfründe fürchten, wenn neue Erfindungen das eigene Imperium bedrohen. Während der Effekt des Schutzes für die Betroffenen unmittelbar sichtbar ist, bleibt der fehlende Wohlstandszuwachs aufgrund unterbliebener Innovationen unentdeckt und hat somit keine unmittelbare Repräsentanz im politischen Spiel der Kräfte.

Indem Innovation zurückgedrängt wird, wächst die Wirtschaft weniger. Der Ruf nach Tätigwerden des Staates nimmt zu, obwohl es gerade die Politik war, die das Problem hervorgerufen hat. Die Wähler wollen höhere Einkommen und Redistribution zu ihren Gunsten und die Regierung folgt dem Ruf - nur um alles noch schlimmer zu machen.

Heute tun Regierung beides: auf der einen Seite unterdrücken und verlangsamen sie den durch die Innovation hervorgerufenen Strukturwandel, auf der anderen Seite aber, vor allem im militärischen Bereich, wird „Forschung" gefördert. Während es offensichtlich ist, dass der Staat, der Innovation unterdrückt, das wirtschaftliche Wachstum hemmt, ist es weniger deutlich, dass dies auch der Fall ist, wenn der Staat Innovation und Forschung antreibt.

Bei einem privaten Forschungsprojekt muss das Unternehmen von Beginn an die Kosten tragen und erhält nur dann dafür eine Vergütung, wenn das Ergebnis des Projektes erfolgreich auf dem Markt ist. Bei der öffentlichen Förderung beginnt das Problem bei den Auswahlkriterien und setzt sich fort, in welche Weise gefördert werden soll. Im Unterschied zur privat finanzierten Forschung und Entwicklung werden bei der öffentlichen Förderung die Kosten ganz oder zum Teil sogleich vergütet, unabhängig davon, welche Erträge in der Zukunft auftreten. Bei der staatlichen Förderung - sowohl für die Universitätsforschung wie bei Subventionen für private Firmen – erhält man die Fördermittel nicht für das Ergebnis, sondern während der Entwicklungsphase. Anders formuliert: der Staat belohnt nicht die Innovation, sondern beteiligt sich an den Kosten eines Projekts, das eine Innovation verspricht. Die Anträge zum Erhalt der Fördermittel fallen entsprechend aus – genauso wie die Ergebnisse dieser Art der Förderung. Außer Spesen nichts gewesen ist oft das Ergebnis. Es ist eben unmöglich, dass Regierungsbehörden imstande sein könnten, die technologische Zukunft vorauszusehen. Allerdings kann die Regierung durch Subventionen die Wirtschaft in eine bestimmte Richtung treiben, wie es seit einiger Zeit mit der ökologischen Wende der Fall ist. Dabei liegt es auf der Hand, dass solche Industriepolitiken sich nicht an den Wünschen und Bedürfnissen der Nachfrager orientieren, sondern eben politische Ziele zum Inhalt haben.

Eine wirksamere Förderung von Innovation wären niedrige Steuersätze auf Gewinne, sodass bei Firmen der Anreiz entsteht, innovativ tätig zu werden und neue marktgängige Produkte zu entwickeln. Der Wettbewerb selbst ist das Entdeckungsverfahren, wie Friedrich Hayek es ausdrückte. Der Markttest besteht nicht in der Innovation als solcher oder in der sogenannten „Forschungsleistung", sondern darin, inwieweit die Neuerung sich am Markt bewährt, was heißt, dass sie gewinnträchtig ist.

Die Schwierigkeit bei Innovationen besteht nicht darin, irgendetwas Neues zu erfinden. Das kann fast jeder. Es geht darum, ein Produkt anzubieten, das Käufer findet, sodass beim Unternehmen ein Gewinn entsteht. Erfindungen sind nicht rar - Innovationen schon. Es gibt einen Überfluss an unbrauchbaren Erfindungen und auch an nützlichen herrscht kein Mangel. Es gibt keinen Grund dafür, dass der Staat dies auch noch extra fördert. Was zur Nutzung der Erfindungen fehlt, ist Kapital, und

Kapital fehlt, weil zu wenig gespart wird. Aufgrund von Kapitalmangel gibt es mehr mögliche Technologieprojekte als aktuell genutzt werden können.

Dieser Überhang an produktivitätssteigernden Möglichkeiten, die noch nicht genutzt werden, kommt dadurch zustande, dass das wirtschaftliche Sparaufkommen zu niedrig ist, die Wirtschaft also nicht reich genug ist, um sich die neue Technologie schon jetzt leisten zu können. Ebenso wie sich jemand mit niedrigem Einkommen nur ein Motorrad, aber nicht ein Auto leisten kann und für jemand mit einem mittleren Einkommen die Luxuskarosse nicht zugänglich ist, so kann sich auch eine Volkswirtschaft nicht in allen Bereichen über den jeweils besten Standard an Kapitalgütern verfügen.

Indem Haushaltsdefizite das gesamtwirtschaftliche Sparaufkommen mindern, erweist sich die staatliche Schuldenpolitik als Feind des technischen Fortschritts und somit des wirtschaftlichen Wachstums. Wenn die Regierung Innovation fördert, und dazu Schulden macht, schädigt sie doppelt dem Wachstum: erstens, indem das volkswirtschaftliche Sparaufkommen sinkt und zweitens, indem die öffentliche Forschungsförderung die private Forschungstätigkeit verdrängt.

Die Durchsetzung gewinnträchtiger Innovationen zeichnet den Typ von Unternehmer aus, den Joseph Alois Schumpeter (1883-1950) in seiner Schrift über die wirtschaftliche Entwicklung aus dem Jahre 1911 charakterisiert. Dieser Unternehmertypus ist nicht unbedingt auch Erfinder oder Manager.

Nach Schumpeter ist der Unternehmer jemand, der Produktions- und Vermarktungsideen am Markt durchsetzt. Echte Unternehmer in diesem Sinne sind rar. Ihr hohes Vermögen kommt durch ihre außergewöhnliche Leistung zustande. Im Staatskapitalismus macht sich allerdings der Typ des falschen Unternehmers breit, dessen Reichtum er seinen politischen Kontakten verdankt. Je freier die Wirtschaft, desto weniger sind die falschen Unternehmer zu fürchten und desto größer ist der Spielraum für die echten Unternehmer. Für den Außenstehenden ist der Unterschied zwischen beiden Typen meist nicht erkennbar. Man sieht den Erfolg, der im Tageslicht glänzt, aber nicht den Weg, der dorthin geführt hat.

Wenn der freie Markt funktioniert, werden seine Schwachstellen laufend ausgemerzt, sodass das System sich dem Optimum nähert. Auf Wettbewerbsmärkten müssen die Prämien für die Gewinner hoch genug sein, um das hohe Risiko des Scheiterns zu kompensieren. Wenn aber der große Erfolg gekommen ist, droht auf Wettbewerbsmärkten Konkurrenz durch verbesserte Imitation und neue Innovation, die die frühere obsolet werden lässt. Monopolgewinne, die aufgrund von Innovation zustande kommen, sind nicht dauerhaft. Gerade deshalb müssen sie hoch sein, um den Anreiz zur Innovation aufrechtzuerhalten.

Die Basis des Wachstums besteht in Innovationszentren (Clusters), die ihr Entstehen nicht einer Organisation verdanken, sondern als spontane Ordnungen auftreten. Spontane Ordnungen gehorchen weder Anordnungen noch Befehlen, sondern leben gemäß ihrer eigenen Gesetzmäßigkeit und entstehen und entwickeln sich in diesem Sinne. Das Regelwerk einer spontanen Ordnung ist nicht explizit und kann demnach weder gelehrt noch imitiert werden. Um di Regeln einer solchen spontanen Ordnung kennen und befolgen zu lernen, muss man sie praktizieren. Wie das geht, kann man nicht außerhalb, sondern nur innerhalb der spontanen Ordnung selbst erfahren. Man muss dabei sein, um mitreden zu können.

Spontane Ordnungen lassen sich nicht verpflanzen und nicht imitieren. Innovation erfordert zuallererst, ein Mitspieler zu sein. Erst dadurch wird man mit den Details vertraut, die zum Erfolg der Innovation nötig sind. Der Staat ist aber kein Mitspieler, sondern eher ein Gegenspieler mit entgegengesetzten oder abweichenden Interessen. In der Entwicklungspolitik wurde die fehlende Einsicht, dass Imitation von Industrien scheitert, mit hohen Kosten bezahlt. In der Industriepolitik ist es nicht anders, doch stellt man sich hier noch sturer als in der Entwicklungspolitik.

Planung von neuen Industrien durch den Staat steht vor der unlösbaren Aufgabe, dass die technologische Zukunft nicht vorhersehbar ist. Neue Technologien und Industrien werden im Wettbewerbsprozess entdeckt.

Man kann sich diesen wettbewerblichen Erkundungsprozess so vorstellen, dass die Pionierunternehmen laufend die Märkte erkunden und erschließen, während der Rest die Innovation imitiert und verbessert. Pioniergewinne sind nötig, um als Anreiz zu dienen, das Wagnis der Innovation einzugehen. Je freier eine Wirtschaft ist, desto eher können die anderen Firmen die Entdeckung nachvollziehen und ihrerseits kreativ weiterentwickeln. Im Zuge dieses Prozesses schmilzt der Pioniergewinn und wird in Form von mehr, billigeren und verbesserten Gütern an die Konsumenten weitergegeben.

Innovation verlangt, dass einzelne Unternehmen wie Pfadfinder den Weg in die Zukunft erkunden. Keiner weiß von vornherein, welche neuen Produkte beim Kunden Anklang finden werden und wie und wo technologische Durchbrüche erfolgen werden. In diesem Sinne ist gemäß Hayek der Wettbewerb ein Entdeckungsverfahren.

Die Innovation, die sich zuerst im Pioniergewinn manifestiert, gelangt durch den Wettbewerb als höherer Lebensstandard zu den Verbrauchern. Imitation ist allerdings schwieriger, als es den Anschein hat. Man muss selbst Teil des Wettbewerbsprozesses als Mitspieler sein, um richtig nachahmen zu können. Deshalb ist der Aufholprozess der Entwicklungsländer so beschwerlich. Sie hinken den Industrieländern gleichsam hinterher, gerade dann, wenn in diesen Entwicklungsländern Entwicklungsfinanzierung im großen Stil betrieben wird.

Entwicklung ist langfristiges Wachstum. Eine vernünftige Entwicklungspolitik erfordert so als ersten Schritt nicht die Finanzierung von Entwicklungsprojekten unter staatlicher Regie, sondern Raum zu schaffen, dass sich mehr Unternehmen aus diesen Ländern als Mitspieler am globalen Wachstum teilnehmen können.

Resümee

Wirtschaftliches Wachstum ist nicht Selbstzweck, sondern besteht darin, eine bessere Versorgung der Verbraucher zu erreichen. In diesem Sinne existiert wirtschaftlicher Fortschritt nicht in "immer mehr", sondern in „immer besser" und „immer vielfältiger". Der Sinn des wirtschaftlichen Wachstums besteht darin, die Menschen aus der Armut zu befreien. Es gibt kein anderes System als den Kapitalismus, der das ermöglicht, denn der Kapitalismus ist das Wirtschaftssystem, in dem Wachstum vor allem durch Innovation stattfindet.

Der technische Fortschritt macht es möglich, dass mit dem gleichen Einsatz an Arbeitszeit höhere Erträge erzielt werden. Wirtschaftliches Wachstum besteht darin, dass die erwünschten Güter in kürzerer Zeit produziert werden können und so für einen wachsenden Teil der Menschheit Freizeit gewonnen wird. Wirtschaftliches Wachstum bringt Zeitgewinn, das in Muse und Erholung umgesetzt werden kann oder dazu dient, um neue Ideen zu entwickeln und anzuwenden, die ihrerseits dann die Produktivität der menschlichen Arbeitskraft und des eingesetzten Kapitals weiter erhöhen. Der moderne Kapitalismus ist ein unternehmerischer Kapitalismus, weil der wirtschaftliche Erfolg nicht von der Erfindung und der Forschung abhängt, sondern von der Durchsetzung von Innovationen auf dem Markt.

Antony P. Mueller

III.
WARUM DER WELTHANDEL ZU WOHLSTAND FÜHRT

Je mehr Handel, desto höher die Produktivität
Welthandel bedeutet mehr Innovation
Protektionismus ist reaktionär
Störfaktor Staat
Währungspolitik ist Machtpolitik
Zur Mythologie internationaler Finanzkrisen
Resümee

Antony P. Mueller

> *„Der Außenhandel unterscheidet sich vom Binnenhandel nur insofern, als Waren und Dienstleistungen über die Grenzen zweier souveräner Staaten hinweg ausgetauscht werden."*
> Ludwig von Mises: Nationalökonomie (1940)

Die Diskussion um Freihandel und Protektionismus wird von Vorurteilen und falschen Vorstellungen beherrscht. Der Protest gegen den Freihandel treibt die Leute auf die Straße. Es fehlt das Verständnis dafür, wie sehr freier Handel den allgemeinen Wohlstand befördert. Freihandel bedeutet Markterweiterung und je größer die Märkte, desto mehr ist Spezialisierung möglich. Je mehr Spezialisierung, desto höher ist die Produktivität, und je höher die Produktivität, desto mehr steigen die Einkommen.

Falsche Interpretationen der traditionellen Handelstheorien haben dem Protektionismus Vorschub geleistet und den Freihandel unglaubwürdig gemacht, indem sie die Spezialisierung von Ländern thematisierten. Es geht aber beim Freihandel darum, dass sich Unternehmen spezialisieren und nicht Länder, wie es die alten Handelstheorien nahelegen. Die neue Handelstheorie macht beruht auf diesem Unterschied. Sie zeigt auf, dass der internationale Handel ein Phänomen von Unternehmen und Industrien ist und den Verbrauchern durch günstigere Preisen mehr Produktvielfalt zugutekommt.

Nicht „die" Volkswirtschaft spezialisiert sich, sondern einzelne Betriebe in dieser Volkswirtschaft. Wer Handel betreibt, sind nicht die Staaten, sondern Firmen. Nicht Deutschland oder Amerika exportieren und importieren, sondern in Deutschland oder den USA ansässige Unternehmen. Die Produktion findet in Betrieben statt und dort ist auch der Ort, wo sich die Spezialisierung und die Produktivitätsgewinne vollziehen. Je mehr eine Firma in die Weltwirtschaft eingebettet ist und je mehr die Unternehmen dem internationalen Wettbewerb ausgesetzt ist, desto besser können sich die Betriebe spezialisieren und damit ihre Produktivität steigern.

Mehr Welthandel erlaubt mehr Spezialisierung. Mehr Spezialisierung führt zu steigender Produktivität. Bessere Produktivität bringt höhere Einkommen.

KAPITALISMUS OHNE WENN UND ABER

Antony P. Mueller

Je mehr Handel, desto höher die Produktivität

Der internationale Handel erweitert den Markt. Die einzelnen Unternehmen haben mehr potenzielle Abnehmer. Sie können sich mehr spezialisieren und so leistungsfähiger werden. Mit der Produktivität der Betriebe steigen die Löhne. Die am internationalen Handel beteiligten Volkswirtschaften werden reicher, während die isolierten, auf Autarkie ausgerichteten Volkswirtschaften, arm bleiben.

Um miteinander Handel zu treiben, ist es nicht nötig, der Beste auf einem Gebiet zu sein, wie oft geglaubt wird. Auch die Produzenten können sich in das Geflecht der internationalen Arbeitsteilung einbinden, die weniger produktiv als die anderen sind. Nicht auf die absolute Höhe der Produktivität kommt es an, sondern auf die komparativen Kostenvorteile. Das heißt, dass auch solche Firmen vom Freihandel profitieren, deren Wettbewerbsfähigkeit niedriger ist als die von anderen Betrieben. Es gibt keinen Grund, sich dem internationalen Wettbewerb zu entziehen, weil man weniger leistungsfähig ist, solange man befähigt ist, komparative Kostenvorteile zu nutzen.   Es kommt im Wettbewerb darauf an, dass sich die beteiligten Unternehmen darauf spezialisieren, wo sie wettbewerbsfähig sind. Auch in dem Fall, dass die Betriebe in einem Land generell weniger wettbewerbsfähig sind als die im Ausland, lohnt sich der Freihandel. Der Punkt besteht darin, dass auf kleinen Märkten der Grad der Spezialisierung geringer ist, weil weniger Arbeitsteilung stattfindet. Freihandel bedeutet, dass auch der schwächere Marktteilnehmer gewinnt und ein höheres Wohlstandsniveau als in der Isolation erreicht.

Wenn der Markt sich erweitert, wird er gleichzeitig umgestaltet, indem die Produktionsbereiche eingestellt werden, wo die größten Wettbewerbsnachteile gegenüber den konkurrierenden Betrieben im Ausland vorliegen. Besitzt ein Partnerland ein höheres Produktivitätsniveau, so konzentrieren sich dort die Firmen auf die Tätigkeiten, wo sie relativ die höchste Produktivität aufweisen. In den am Freihandel beteiligten Ländern steigt so insgesamt die Produktivität, auch in dem Land, wo die Betriebe gegenüber der Konkurrenz weniger produktiv sind. Die weniger effizienten Betriebe richten sich auf Tätigkeiten aus, bei denen der Abstand zu den Betrieben mit der höheren Leistung geringer ist und gewinnen so auch an Produktivität.

Der wettbewerbliche Prozess zeigt den beteiligten Firmen den Weg, sich auf die Gebiete auszurichten, wo die Opportunitätskosten am geringsten sind, das heißt die Tätigkeiten zu unterlassen, wo pro Inputeinheit ein geringerer Output resultiert als bei einem anderen Produktionszweig. Indem sich jedes Unternehmen auf die Produktionsbereiche mit der jeweils höheren Produktivität konzentriert, steigt die Produktivität aller Beteiligten. Die Globalisierung zwingt dazu, jene Aktivitäten bleiben zu lassen, wo die relative Produktivität geringer ist. Alle beteiligten Firmen werden im globalen Wettbewerb dazu angetrieben, jeweils in den Bereichen tätig zu werden, wo ihre relative Produktivität am höchsten ist. Mit der dadurch steigenden Produktivität erhöht sich auch das Einkommensniveau. Die Höhe der Löhne und Gehälter hängt von der Produktivität ab. Ist die Produktivität gering, ist auch das Lohnniveau niedrig. Indem der Welthandel die Produktivität erhöht, trägt er dazu bei, dass die Einkommen steigen. Internationaler Wettbewerb steigert die Produktivität und führt damit zu mehr Wohlstand.

Höhere Produktivität beinhaltet, dass bei gleichem Input ein höherer Output erzielt wird. Die Produktivitätssteigerung führt im ersten Schritt zu höheren Gewinnen. Diese animieren dazu, die Produktion auszuweiten. Die Vorteile fallen zuerst als Gewinne bei den Unternehmenseignern an und gelangen danach zur Belegschaft in Form von höheren Löhnen. Je intensiver der Wettbewerb und je mehr Länder er umfasst, desto rascher kommt es dazu, dass die bessere Produktivität den Konsumenten in der Form von niedrigeren Preisen, besserer Qualität und einer größeren Vielfalt der Produkte zugutekommen.

Wie bei anderen ökonomischen Phänomenen auch, sehen viele Menschen bei der Diskussion um Freihandel und Protektionismus die oberflächlichen Erscheinungen und das, was in kurzer Frist passiert. Was ins Auge fällt, ist, dass durch den Freihandel einige Firmen Sondergewinne erzielen, während in anderen Produktionsbereichen Arbeitsplätze verloren gehen und manchmal ganze Industriezweige unter Druck geraten. Einige Betriebe schließen die Pforten und andere wandern ab. Einige Industrien verschwinden ganz aus dem Land und wechseln den Standort gemäß der relativen Produktivität. Es ist aber genau dieser Strukturwandel, der es bewirkt, dass die Gesamtproduktivität und die Löhne steigen können.

Je intensiver ein Land am Welthandel teilnimmt, desto mehr werden die Betriebe dieses Landes gezwungen sein, ihre Tätigkeit auf die

Nischen zu konzentrieren, wo sie die höhere Leistung erbringen können. Auf dieser Grundlage kommt es dann zu höherer Produktivität und damit zu einer steigenden Kaufkraft der Einwohner dieses Landes.

    Der freie Welthandel intensiviert den Wettbewerb. Die Macht der nationalen Unternehmen wird vermindert. Der Widerstand gegen den freien Welthandel gleicht dem, der auch gegen den Wandel gerichtet, der vom technischen Fortschritt ausgeht. In beiden Fällen widersetzt man sich den Quellen der Prosperität.

Welthandel bedeutet mehr Innovation

Durch den freien Welthandel sind anfänglich nicht nur die Arbeiter, die ihren Arbeitsplatz verlieren, benachteiligt, sondern auch die Anteilseigner der Firmen, die schließen müssen, weil sie zu teuer produzieren. Es liegt auf der Hand, dass Arbeitnehmer und Arbeitgeber sich verbünden und zusammen mit der lokalen politischen Interessenvertretung eine Lobby gründen, um den Standort zu erhalten. Solcher Gruppendruck beinhaltet aber, nichts anderes als an dem Niveau der althergebrachten Ineffizienz festhalten zu wollen. Die Wettbewerbsschwäche bleibt verborgen, wenn sich die Betriebe von der internationalen Konkurrenz abschotten. Die mangelnde Produktivität wird erst durch den Wettbewerb aufgedeckt.

Autarkie heißt, dass man nicht weiß, welcher der Betriebe effizient oder vergleichsweise ineffizient wirtschaftet. Es ist erst der Wettbewerb, der die relativ weniger produktiven Betriebe ausfindig macht und sie dazu zwingt, sich anzupassen oder den Betrieb zu schließen. Die wirtschaftliche Struktur ändert sich zugunsten der Bereiche, wo mit derselben Menge an Ressourcen ein höherer Ertrag möglich ist. Der internationale Wettbewerb übt somit die gleiche Funktion aus wie der technische Fortschritt. Die Resistenz gegen den internationalen Wettbewerb richtet sich gegen den wirtschaftlichen Wandel. Neben der Akkumulation von Kapital sind die Intensivierung des Handels und der technische Fortschritt die anderen beiden Weisen, die eine höhere Produktivität und damit mehr Reichtum für die Gesellschaft hervorbringen.

Freihandel hat den Vorteil, dass er im Unterschied zur Akkumulation von Sach- und Humankapital keinen vorherigen Konsumverzicht verlangt. Während Kapitalakkumulation Investitionen von Zeit und Ressourcen erfordert und somit Sparen voraussetzt, treten die Vorteile des Freihandels unmittelbar ein. Allerdings verlangt der Freihandel, ebenso wie der technische Fortschritt, dass die weniger effizienten Hersteller vom Markt verschwinden, wenn sie sich nicht anpassen. So wie Erfindungen führt auch der Freihandel zu einer Reallokation von Arbeit und Kapital. Je mehr man sich dagegen wehrt, desto mehr wird man ineffiziente Industrien beibehalten und desto geringer werden auf lange Sicht das Einkommensniveau und die Kaufkraft sein.

Resistenz gegen den Freihandel, genauso wie der Widerstand gegen technischen Fortschritt, macht eine Nation ärmer. An einer ineffizienten Industrie festzuhalten bedeutet, einen höheren Aufwand als nötig wäre zu betreiben. Um dasselbe Produkt oder um ein besseres Produkt zu bekommen, setzt man mehr Kapital und Arbeit ein, als es der Fall wäre, wenn es freien Handel gäbe oder wenn man die Innovation nutzen würde.

Je protektionistischer eine Volkswirtschaft ist, desto ärmer wird sie sein. Eine schleichende Gefahr des Protektionismus besteht darin, dass das Schutzdenken zu einer allgemeinen Geisteshaltung in der Bevölkerung wird, die sich schließlich aller Veränderung widersetzen will. Es braucht nicht langer Überlegungen, um den Schluss zu ziehen, dass eine derartige Gesellschaft den Weg zur Stagnation und schließlich zum Niedergang wählt.

Freihandel führt dazu, dass sich die Leistungsfähigkeit der beteiligten Volkswirtschaften insgesamt hebt, und dass von der erweiterten internationalen Konkurrenz auch Impulse zur Innovation ausgehen. Die beteiligten Firmen wandern in die Bereiche, wo sie eine höhere Produktivität besitzen. Sie werden durch die internationale Konkurrenz auch angeregt, vermehrt Produktdifferenzierungen und Innovation zu betreiben.

Diese Innovationen betreffen nicht nur die Konsumgüter. Da mit dem erweiterten Markt jede der beteiligten Firmen ein größeres Potenzial an Kundschaft besitzt, werden Innovationen auch in der Produktionssphäre angeregt. Die am internationalen Wettbewerb beteiligten Betriebe werden auch in eine verbesserte Ausrüstung investieren. Beides zusammen kommt den in diesen Firmen tätigen Mitarbeitern zugute. Die Arbeiterschaft gewinnt an Wohlstand. Je intensiver der Wettbewerb, desto mehr gelangen die Erträge schließlich in die Hände aller, indem die temporär höheren Unternehmensgewinne durch den Wettbewerb eliminiert werden und sich für die Konsumenten das verbesserte Angebot zu günstigeren Preisen ergibt.

Genauso wie eine Firma durch eine neue Erfindung Pioniergewinne macht, so gewinnen durch mehr Freihandel zuerst die Eigner der Unternehmen, die wettbewerbsfähiger sind. Neben den Kapitaleignern werden die Arbeitnehmer in diesen Bereichen gewinnen, wo wettbewerbsfähige Betriebe anzutreffen sind. Benachteiligt sind die Kapitaleigner und Arbeiter der weniger effizienten Betriebe. Diese müssen ihre Produktion einschränken oder ganz vom Markt verschwinden. Diese Kosten sind es, die die Leute auf die Straße treiben. Sie protestieren, um Arbeitsplätze zu erhalten und haben dabei die betroffenen

Unternehmenseigner auf ihrer Seite genauso wie die lokale politische Vertretung. Dieser Protest, um die alten Strukturen zu bewahren, hat den Widerstand gegen Veränderung zum Inhalt, wobei deren Vorteile allen zugutekommen würden. Indem das Urteil der Massen von Oberflächlichkeit geprägt ist, handeln die Betroffenen gegen ihr eigenes langfristiges Interesse.

Antony P. Mueller

Protektionismus ist reaktionär

Protektionismus ist Ausdruck einer Gesinnung, die sich dem wirtschaftlichen Fortschritt entgegenstellt. Die Anti-Globalisierungsbewegung kommt den Maschinenstürmern gleich, die in früheren Zeiten den Einsatz von arbeitssparenden Maschinen sabotierten. Die Saboteure wollten ihren Arbeitsplatz erhalten und glaubten dies damit zu erreichen, wenn sie mit den alten, weniger produktiven Maschinen und Werkzeugen weiterarbeiten würden. Die Maschinenstürmer erkannten nicht, dass ihr Lohn von der Produktivität abhängt, und die Produktivität mit besserem Kapitaleinsatz steigt. Sie glaubten, ihren Arbeitsplatz erhalten zu können, während sie tatsächlich ihre Armut zementierten.

Kapitalakkumulation und technischer Fortschritt machen zwar manche Tätigkeiten überflüssig, durch Innovation wird aber langfristig ein Vielfaches mehr an neuen Arbeitsplätzen geschaffen. Vor allem solche Arbeitsplätze werden durch internationalen Wettbewerb und technischen Fortschritt neu entstehen, die sich gegenüber den früheren durch angenehmere Arbeitsbedingungen auszeichnen und die Arbeiter von Monotonie und Schwerstarbeit befreien.

Die Gegner des Freihandels sind wie Zensoren, die neue Ideen verbieten. Als solche sind die Protektionisten Gegner des Fortschritts. Ohne es immer ausdrücklich zu wollen aber häufig, ohne es zu wissen, verhindern die Freihandelsgegner höhere Löhne und fördern die Armut. Ihr Protest richtet sich gegen den Wohlstand aller. Die Gegner des Freihandels wollen Arbeitsplätze und das Lohnniveau sichern, erreichen aber, falls sie mit ihren Kampagnen erfolgreich sind, das Gegenteil.

Das Gesetz der komparativen Kostenvorteile für den Handel stellt einen Spezialfall des allgemeinen Gesetzes der Kooperation dar. Dieses Gesetz der Assoziation besagt, dass man durch die wechselseitige Konzentration der Tätigkeit auf die Gebiete, in denen man günstiger wirtschaften kann, eine höhere Leistungsfähigkeit als in der Isolation unter wirtschaftlicher Autarkie erreicht. Diese wechselseitige Spezialisierung setzt Zusammenarbeit voraus. Wirtschaft, so wie andere menschliche Tätigkeitsbereiche, ist durch beides gekennzeichnet: Zusammenarbeit und Wettbewerb.

*

Unter den Fundamenten des Wohlstands kommt dem Kommerz eine herausragende Rolle zu. Ein möglichst umfassendes Handelssystem befördert die Spezialisierung und legt so den Grundstock für höhere

Produktivität. Je mehr man sich spezialisiert, desto mehr Arbeitsteilung betrieben wird, desto wichtiger wird der Austausch von Gütern und Dienstleistungen. Mit der Marktgröße wächst auch das Potenzial für Kapitalakkumulation und für Innovation. Der Erwerb von spezifischem Humankapital ist umso lohnender, je mehr spezifische Arbeitsplätze mit speziellen Anforderungen entstehen.

Protektionismus reduziert die Marktgröße. Je kleiner der Wirtschaftsraum, umso weniger ist Spezialisierung möglich, umso geringer die Innovation und Kapitalbildung. Protektionismus macht nicht nur arm, sondern auch dumm.

Die erwarteten Gewinne der Schutzpolitik gehen verloren, wenn auch die anderen Länder protektionistische Maßnahmen ergreifen. In den 20er Jahren konnten zum Beispiel amerikanische Farmer eine kurze Zeit lang höhere Preise erzielen, nachdem die US-Regierung Schutzzölle einführte. Mit dieser Politik wurde jedoch die Große Depression eingeleitet in deren Folge es massenweise zur Zahlungsunfähigkeit bei den amerikanischen Farmern kam.

Der Welthandel erweitert die Marktgröße und legt so den Grundstock für höhere Einkommen, da mit der Größe des Wirtschaftsraums das Potenzial an Kapitalakkumulation und Innovation zunimmt.

***
Effekte der Markterweiterung

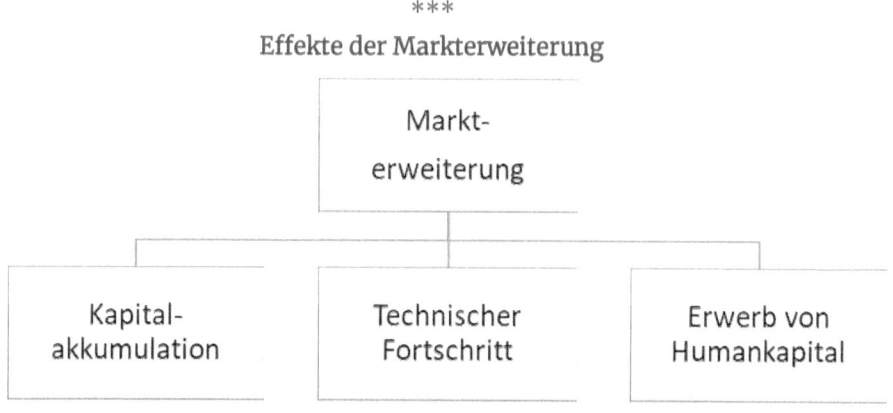

Der Welthandel erweitert die Märkte. Mit der Marktgröße wächst das Potenzial für Kapitalakkumulation und für den technischen Fortschritt. Je größer der Markt, desto mehr lohnt sich Spezialisierung und damit der Erwerb von speziellem Humankapital.

Als Folge des Welthandels kommt es zu einem höheren Produktivitätsniveau. Der Produktivitätsgewinn schließt die insgesamt weniger produktiven Volkswirtschaften mit ein, da auch dort die jeweiligen Firmen sich auf die Bereiche spezialisieren, wo sie relativ einen geringeren Abstand zu den produktiveren Betrieben haben.

Nicht Länder spezialisieren sich im System des freien Welthandels, sondern Betriebe. In Firmen wird spezifisches Kapital akkumuliert und spezielles Humankapital erworben. Das Wissensniveau in den Firmen steigt. Dadurch steigen Produktivität und Einkommen.

Freihandel macht ein Volk reich und klug – Protektionismus macht die Nation arm und einfältig.

***

Handel und somit auch der Welthandel, besteht im Wechselspiel von Konkurrenz und Kooperation. Dieser Prozess der Assoziation beginnt bei jedem Einzelnen schon in der Familie und setzt sich fort in der lokalen und regionalen und schließlich der nationalen Wirtschaft bis hin zur internationalen und schließlich zur globalen Wirtschaft.

Man versteht Konkurrenz falsch, wenn man sie mit dem Wettbewerb im Sport gleichsetzt. Beim Sport stehen das Ziel und damit das Kriterium der Leistung von vornherein fest. Im sportlichen Wettbewerb geht es darum, höher und weiter zu springen, schneller zu laufen oder mehr Tore als der Gegner zu erzielen.

Für die Wirtschaft ist der Wettbewerb anderer Art. Hier geht es darum, jeweils besser herauszufinden, was die Kunden möchten und dies dann günstig zu produzieren. Entgegen dem Sport mit seinem gesetzten Regelwerk, gilt für den wirtschaftlichen Wettbewerb, dass die Regeln in nicht kodifizierter Form existieren und sich diese durch den Wettbewerbsprozess selbst laufen ändern. Das unternehmerische Verhalten besteht in Vorstoß und Nachahmung. Man kann temporär höhere Gewinne als die Konkurrenz erzielen, indem man ein Produkt anbietet, das mehr als das der anderen Anbieter den Geschmack und den Bedürfnissen der Abnehmer entspricht. Es geht um Innovation, die sich in den großen Erfindungen zeigt und in zahlreichen kleinen Schritten erfolgt.

Es liegt im Wesen der wirtschaftlichen Konkurrenz, dass erfolgreiche Projekte imitiert werden. Diese Nachahmung bewirkt zweierlei: erstens werden durch die Nachahmungs-Konkurrenz die Gewinne der Pioniere geschmälert und zu den Kunden hin durch niedrigere Preise verteilt; zweiten werden im Laufe der Zeit Innovationen in der ganzen Volkswirtschaft diffundiert, sodass sich im Durchschnitt die wirtschaftliche Produktivität erhöht, und mit der höheren Produktivität auch die Löhne dort steigen, wo keine Produktivitätsfortschritte stattfinden.

***

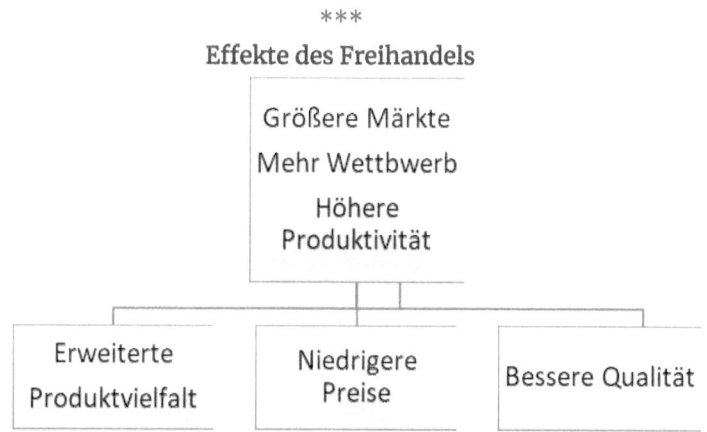

Effekte des Freihandels

Wenn sich ein Land dem Freihandel öffnet, erweitert es den Markt. Mit der Marktgröße wächst der Wettbewerb. Es kommt zu höherer Produktivität. In der Folge steigt die Produktvielfalt.

Mehr Wettbewerb und steigende Produktivität führen zu niedrigeren Preisen und einer besseren Produktqualität.

Freier Welthandel dient dem Konsumenten durch eine erweiterte Produktvielfalt, niedrigere Preis und bessere Qualität.

In Bezug auf die Allokation wirkt Freihandel wie technischer Fortschritt. Die weniger produktiven Betriebe machen Platz für die wettbewerbsfähigen. Es kommt zu einer Umschichtung der Produktionsfaktoren zugunsten der Bereiche mit höherer Produktivität auf Kosten der weniger produktiven Sektoren. Dieser Prozess legt die Grundlage für höhere Einkommen.

***

In einer solchen Volkswirtschaft, wo es eine Industrie mit hoher Produktivität gibt, erzielen auch die Arbeiter und Angestellten, die einfache Tätigkeiten verrichten, entsprechend höhere Einkommen. Obwohl zum Beispiel die Produktivität eines türkischen Friseurs in Deutschland nicht höher ist als die seines Bruders, der als Friseur in

Anatolien arbeitet, erhält der in Deutschland tätige Friseur ein Vielfaches des Lohnes als der in der Türkei arbeitende.

      Wettbewerb bewirkt, dass Pioniergewinne breit verteilt werden und beim Konsumenten ankommen. Welthandel intensiviert den Wettbewerb. Die Integration in die Weltwirtschaft führt zu höherer Produktivität und damit zu mehr Wohlstand, weil die wechselseitige Spezialisierung zunimmt und sich der technische Fortschritt schneller ausbreitet. Als Folge der Globalisierung wird die Armut in der Welt geringer und der Wohlstand wächst. Wie bei den anderen Dingen des Lebens auch, kommen die Vorteile der Globalisierung jedoch nicht umsonst. Der Preis, der zu zahlen ist, besteht darin, sich den wandelnden Umständen laufend anzupassen.

Störfaktor Staat

Der Welthandel ist lediglich die eine Seite der Weltwirtschaft. Die andere besteht in den Finanzströmen, die den Welthandel begleiten und darüber hinaus autonom in dem Sinne sind, dass sie als pure Finanztransaktionen durchgeführt würde, um beispielsweise von höheren Zinssätzen oder von Wechselkursschwankungen zu profitieren. Dieses Gebiet ist es auch, auf dem sich am stärksten die Politik tummelt. Dies gilt vor allem für die Auslandsverschuldung.

Ein Staat verschuldet sich im Ausland, indem die Regierung entweder im Ausland Anleihen begibt oder direkt bei ausländischen Geschäftsbanken Kredite aufnimmt. Im Rahmen der Entwicklungshilfe sind es auch Staaten beziehungsweise internationale Organisation, wie die Weltbank, die Auslandskredite vergeben – nicht selten in Verbindung mit dubiosen Projekten.

Wenn dann die Schulden fällig werden und die verschuldeten Länder ihre Schulden nicht voll bedienen können, kommt zu einer Schuldenkrise, die den Internationalen Währungsfonds (IWF) als Finanzpolizisten auf den Plan ruft. Die betroffene Regierung kommt nicht darum herum, die Ausgaben zu kürzen und die Steuern zu erhöhen. Dies treibt dann regelmäßig Teile der Bevölkerung zu Protesten. Diese Demonstranten beschimpfen dann den freien Welthandel und die ausländischen Finanziers, während es tatsächlich die eigene Regierung war, die das Debakel zu verantworten hat.

Die Geldaufnahme im Ausland durch den Staat gleicht von Anfang an einem Griff in die Betrugskiste, denn damit wird die tatsächliche Bezahlung der Projekte auf die Zukunft zu verschoben, während die Vorteile schon gleich nutzbar sind. Die zufließenden ausländischen Gelder erlauben höhere Staatsausgaben, die zuerst zu mehr Stellen im öffentlichen Dienst führen und dort zu höheren Gehältern. An zweiter Stelle rangieren dann Sozialausgaben und weitere scheinbare Gratisangebote, die auch der Mittelklasse zugutekommen. Damit hat die jeweilige Regierungspartei mittels der Schuldenpolitik ihre Wiederwahl gesichert. Wenn noch Geld übrigbleibt, wandert es in zweifelhafte Investitionsprojekte, mit denen eine ganze Heerschar von Parasiten ihr Auskommen finden. Nicht selten bauen manche Regierung baut darauf, dass der Zahltag in die Zukunft verschoben werden kann oder dieser vielleicht gar nicht kommt, da die Schulden erlassen oder ermäßigt werden.

Auf jeden Fall treten die Zahlungsprobleme erst später auf, oft erst nach einem Jahrzehnt und mehr.

Die Aufnahme von Krediten im Ausland ist anders zu bewerten als der Import von Kapital mittels Direktinvestitionen. Bei ausländischen Direktinvestitionen sind es Firmen aus dem Ausland, die sich im Gastland unternehmerisch betätigen und dazu entweder bestehende Produktions- und Vertriebsstätten übernehmen oder neue entrichten. Im Zuge dieser Direktinvestitionen gelangt Kapital ins Land und es findet Kapitalakkumulation statt. Mit dem Zufluss des ausländischen Kapitals für Direktinvestitionen kommt es zu einem Wissens- und Technologietransfer. Die dadurch erreichbare höhere Produktivität führt zu steigenden Löhnen. Im Unterschied zu den sogenannten Portfolio-Investitionen, der Unternehmensbeteiligung durch den Erwerb von Aktien, kann eine Direktinvestition nicht geschwind aufgelöst werden, sodass die Investoren auf längere Sicht mit der Entwicklung des Landes verbunden bleiben.

∗∗∗

Währungsfragen sind Machtfragen. Bei Währungsfragen geht es um die nationalen Interessen im Ränkespiel der Macht. Scheinbar obskure Wechselkursvereinbarungen haben fundamentale Effekte sowohl auf den Außenhandel wie auf die Binnenwirtschaft. Um dies zu verstehen, muss man mit der Zahlungsbilanz eines Landes anfangen.

Die wirtschaftlichen Transaktionen einer Volkswirtschaft mit dem Ausland werden in der Zahlungsbilanz erfasst. Insgesamt ist eine Zahlungsbilanz, so wie es bei jeder anderen Bilanz auch der Fall ist, ausgeglichen. Eine „unausgeglichene" Zahlungsbilanz gibt es nicht. Fehlbeträge und Überschüsse können nur in den Teilbilanzen auftreten. Die beiden wichtigsten Teilbilanzen sind die Leistungsbilanz und die Kapitalbilanz. In der Leistungsbilanz werden die laufenden Zahlungen erfasst, die für Guter, Dienstleistungen, Zinsen und Dividenden zwischen dem eigenen Land und dem Ausland stattfindet.

Die Handelsbilanz im engeren Sinne umfasst den Austausch mit Gütern, wobei man unterscheiden muss, ob es sich um die erweiterte Handelsbilanz handelt, in der neben den physischen Gütern auch die Dienstleistungen erfasst werden, oder die Handelsbilanz im engeren Sinn, wo nur der Güterhandel verbucht wird. Früher zählte man statistisch die Einnahmen und Ausgaben in Form von Zinsen und Gewinnen zu den Dienstleistungen; heute werden diese Beträge getrennt in der Erwerbs- und Vermögensbilanz registriert.

In der Zahlungsbilanz werden Finanzströme, die vom Ausland ins Inland fließen als Aktivposten behandelt, während der Abfluss von Finanzkapital ein Passivum darstellt. Der Ausgleich in der Zahlungsbilanz erfolgt über einen Zuwachs oder eine Minderung der internationalen Reserven, die die jeweilige nationale Notenbank im Ausland in Fremdwährung hält.

Wenn zum Beispiel ein Überschuss in der Leistungsbilanz auftritt, der nicht durch Kapitalexport ausgeglichen wird, kommt es bei zu einer Erhöhung der internationalen Reserven, wodurch die Zahlungsbilanz insgesamt ausgeglichen ist.

***

Zahlungsbilanz

Die Hauptposten der Zahlungsbilanz sind die Leistungsbilanz und die Kapitalbilanz. Dabei registriert die Statistik zufließende Gelder als Aktivum (positiv) und abfließende Gelder als Passivum (minus). Die Kreditaufnahme im Ausland wird somit als Aktivum in der Zahlungsbilanz registriert, während die Kreditvergabe an das Ausland und Direktinvestitionen heimischer Unternehmen im Ausland als Passivum in die Bilanz eingehen.

Komponenten der Zahlungsbilanz

Zahlungsbilanz

- Geldzufluss +
- Geldabfluss −

Leistungsbilanz
- Warenverkehr
- Dienstleistungen

Kapitalbilanz
- Direktinvestitionen
- Portfolioanlagen

Die Leistungsbilanz erfasst die laufenden Posten im Waren- und Dienstleistungsverkehr und darüber hinaus die Einnahmen und Ausgaben gegenüber dem Ausland aufgrund der Erträge von Vermögenlagen (Zinsen, Gewinne, etc.).

In der Kapitalbilanz unterscheidet man zwischen Direktinvestitionen, also solchen Investitionen, die mit Einfluss auf die Geschäftsführung der Unternehmen verbunden sind, und Portfolioinvestitionen, also reine Geldanlagen (Aktien, Anleihen etc.).

Da es sich um eine Bilanz handelt, ist die Zahlungsbilanz insgesamt immer ausgeglichen. Ungleichgewichte können nur in Teilbilanzen auftreten.

Wenn in den Restbilanzen ein Überschuss auftritt, steigen die internationalen Währungsreserven, deren Veränderung, da es sich um einen Abfluss von Geld handelt, als Passivum in dieser Teilbilanz registriert wird.

Währungspolitik ist Machtpolitik

Im Zuge der industriellen Revolution kam es im 19. Jahrhundert zum globalen Goldstandard, der für einen automatischen Ausgleich von Handelsungleichgewichten sorgte. Der Beginn des Ersten Weltkriegs markiert das Ende dieser Ordnung. Zum Ende des Zweiten Weltkrieges übernahmen die USA die weltwirtschaftliche Führungsrolle und der Dollar stieg zur globalen Währung auf. Die Machtübernahme der USA erfolgte 1944 bei der Bretton Woods Konferenz im US-Bundesstaat New Hampshire. Auf dieser internationalen Währungskonferenz ging es darum, die währungspolitischen Grundlagen der Nachkriegsordnung festzulegen.

An der Konferenz nahmen die Delegationen von 44 alliierten Ländern teil. Die Sowjetunion fehlte und die USA hatten ein leichtes Spiel, die anderen Teilnehmer auf ihr Konzept als Gegenmodell zum britischen Vorschlag einzuschwören. Von Anfang an ließen die Vereinigten Staaten keinen Zweifel daran aufkommen, wo das neue Machtzentrum sei und ließen die Delegation des Vereinigten Königreiches abblitzen und auflaufen, wo es nur ging. Die Amerikaner nutzen es schonungslos aus, dass Großbritannien zur Kriegsführung von amerikanischen Krediten abhing.

Im Unterschied zu den Hilfslieferungen an die Sowjetunion während des Zweiten Weltkrieges, für die die USA keine Kompensation verlangten, wurden den Engländern die amerikanischen Lieferungen „geliehen". Dies führte das Land dann später in den fünfziger und sechziger Jahren an den Rand des Ruins und zum Verlust des Kolonialreiches, was der Absicht der USA entsprach. Die letzten Zahlungen Großbritanniens für die Hilfsleistungen der USA während des Zweiten Weltkriegs erfolgten bis zum Jahr 2006.

Großbritannien wurde auf der Bretton Woods Konferenz finanziell entmachtet und versank konsequenterweise danach sowohl ökonomisch wie politisch in die zweite Reihe. Sobald mit diesen möglichen Konkurrenten und der Ausschaltung von Deutschland und Japan die Sachlage aus amerikanischer Sicht nun geklärt war, musste sich der weltpolitische Konflikt geradezu zwangsläufig gegen die Sowjetunion richten.

Die USA haben den Dollar als Leitwährung gezielt gegen Ende des Zweiten Weltkrieges lanciert. Die amerikanische Delegation wurde von dem später als Sowjetspion entlarvten Harry Texter White geleitet. Dieser verfolgte in Abstimmung mit dem amerikanischen Finanzministerium unter der Leitung von Henry Morgenthau – unter dessen Führung auch der Plan ausgeheckt wurde, Deutschland nach dem Ende des Zweiten Weltkrieges auf die Stufe eines reinen Agrarstaates zurückzuwerfen - die Agenda, dass nach Japan und Deutschland nun auch Großbritannien als Konkurrent auszuschalten sei.

***

Marshallplan und Währungsreform –
Zur Mythologie des deutschen Wirtschaftswunders

Der Marshallplan von 1948 umfasste Finanztransfers in Höhe von insgesamt 12,7 Mrd. US-Dollar. Die Summe, die hiervon Westdeutschland erhielt, entsprach in etwa drei Prozent des damals weit unter der Vorkriegszeit liegenden deutschen Sozialprodukts. Für Westdeutschland beliefen sich die Leistungen aus dem Marshallplan auf 1.448 Millionen US-Dollar, was nach heutiger Kaufkraft rund 15 Mrd. US-Dollar entspricht.

Marshallplan – Finanzleistungen
(in Millionen von US-Dollar)

	1948/49	1949/50	1950/51	Insgesamt
Vereinigtes Königreich	1.316	921	1.060	3.297
Frankreich	1.085	691	1.060	2.296
Westdeutschland	510	438	500	1.448
Italien	594	405	205	1.204
Niederlande	471	302	355	1.128
Alle Länder	4.924	3.652	4.155	12.731

Quelle: The Marshall Plan: Fifty Years After (Europe in Transition – The NYU European Studies Series) Palgrave Macmillan: London and New York 2001

Für den wirtschaftlichen Wiederaufstieg Deutschlands im Verlauf des sogenannten „Wirtschaftswunders" waren andere Faktoren als das finanzielle Ausmaß der Marshallplan Hilfe ausschlaggebend.

Erstens endete mit dem Anlaufen des Marshallplans die US-amerikanische Militärorder JCS 1067, die auf dem Morgenthau-Plan beruhte und die „industrielle Entwaffnung" Deutschlands vorsah. Anstatt Deutschland zu einem Agrarland zu machen, hieß die neue Direktive nun Westdeutschland zu einem industriellen Bollwerk aufzubauen. In Vorbereitung der Hilfslieferungen des Marshall Plans wurde 1947 für die amerikanischen Besatzungsstreitkräfte die Direktive JCS 1779 erlassen, die „ein stabiles und produktives" Deutschland forderte.

Der zweite Punkt, der wichtiger war als die Finanzhilfe per se, war die Anweisung durch die amerikanische Regierung, dass der Erhalt der Marshallplan Hilfe mit marktwirtschaftlichen Reformen in den Empfängerländern einhergehen müsse. Das gab dem damaligen Direktor der Verwaltung für Wirtschaft des Vereinigten Wirtschaftsgebietes (Bizone) und späteren Wirtschaftsminister Ludwig Erhard grünes Licht, um eine Preisreform durchzuführen, also einen großen Teil der herrschenden Preiskontrollen abzuschaffen und Marktwirtschaft einzuführen.

Ebenfalls wichtiger als die bloße Höhe der Marshallplan Hilfe für Deutschland war, dass die Güterlieferungen für die Empfänger keine Geschenke waren. Der Ablauf des Plans war so organisiert, dass der Fonds zwar die Bezahlung an die amerikanischen Lieferanten übernahm, die deutschen Warenempfänger aber die Lieferungen bezahlen mussten, wozu sie bei der am 18. November 1948 gegründeten Kreditanstalt für Wiederaufbau (KfW) Kredite aufnehmen konnten.

Die Schatten der Vergangenheit wurden schließlich zumindest in finanzieller Hinsicht fast vollständig von Westdeutschland mit zwei weiteren Maßnahmen genommen:

Durch die Währungsreform vom 20. Juni 1948 mit der Einführung der Deutschen Mark kam es zu einer Entschuldung, die den deutschen Staat von seiner Inlandsverschuldung entlastete.

Mit dem Londoner Schuldenabkommen vom 27. Februar 1953 geschah desgleichen eine weitgehende Entlastung von den Altlasten an deutschen Auslandsschulden einschließlich der Reparationsforderungen aus dem Versailler Vertrag.

Vor Anlaufen der Marshallplan Hilfe setzten die USA bereits fest, dass im Zuge der Auszahlung der Marshallplan Hilfe Deutschlands andere Gläubiger von finanziellen Ansprüchen gegenüber Westdeutschland absehen müssten.

Als offiziell die Bundesrepublik Deutschland am 23. Mai 1949 entstand, wurde - obzwar juristisch als Rechtsnachfolger des alten Reiches – in wirtschaftlicher Hinsicht ein neuer Staat geboren. Die Bundesrepublik

Deutschland entstand mit einer neuen Währung, einer neuen marktwirtschaftlichen Wirtschaftsordnung und war, weitgehend schuldenfrei, im Genuss einer klaren Vorgabe seitens der amerikanischen Besatzungsmacht, die Prosperität Westdeutschlands mit aller Kraft zu fördern.

***

Der Zweite Weltkrieg ging direkt in den Kalten Krieg über. Dieser blieb deshalb kalt, weil inzwischen den beiden neuen Supermächte ein Arsenal an nuklearen Waffen zur Verfügung stand, sodass keiner der beiden Rivalen sich eine Siegeschance ausrechnen konnte, falls es zu einem Schlagabtausch kommen sollte.

Die Sowjetunion hörte 1991 auf zu existieren. Die USA können sich seither als unbeschränkte Weltmacht behaupten, wobei jedoch zwei neue Gegner in Gestalt der Volksrepublik China und der Europäischen Union heranwachsen.

Obwohl die relative Position der Vereinigten Staaten in der Weltwirtschaft seit dem Ende des Zweiten Weltkrieges deutlich abgenommen hat, wird der große Teil der globalen internationalen Reserven noch in US-Dollar gehalten. Den USA ist es gelungen, nach dem Zerfall des vom Dollar dominierten Währungssystems zu Anfang der 70er Jahre die Rolle des Dollars als Weltreservewährung zu bewahren, weil die Vereinigten Staaten durchsetzen konnten, dass der internationale Handel mit Rohöl und anderen Rohstoffen weltweit weiterhin auf Dollarbasis abgewickelt wird.

***

Bretton Woods System

Die Währungsordnung für die Zeit nach dem Zweiten Weltkrieg wurde 1944 auf der Konferenz von Bretton Woods im US-Bundesstaat New Hampshire entworfen. Die Vereinigten Staat konnten ihren Plan gegen die Engländer durchsetzen und den US-Dollar als die dominierende internationale Währung etablieren.

Das Bretton Woods System definierte den US-Dollar in Feinunzen von Gold und verpflichtete die anderen teilnehmenden Länder ihre Währungen mit einer Schwankungsbreite von plus/minus einem Prozent an den US-Dollar zu binden.

Das Modell sah ein Festkurssystem vor, wonach die teilnehmenden Länder ihre Wechselkurs in US-Dollar festlegen und nur im Rahmen von Verhandlungen mit dem Internationalen Währungsfonds ändern.

Das System operierte als umgekehrte Pyramide. Die Goldbasis sollte dazu dienen, das Vertrauen in US-Dollar zu erhalten und eine inflationäre Aufblähung der Geldmenge zu verhindern.

Wechselkurse zum 18. September 1949

Tatsächlich jedoch nahm in der Folgezeit der Goldbestand der USA ab, während sich der Umfang der umlaufenden Dollar erhöhte was schliesslich zum Kollaps des Systems Anfang der 1970er Jahr führte.

Die Vereinbarung von Bretton Woods besagte, dass die Länder mit Überschüssen an Dollarbeständen diese bei den Vereinigten Staaten gegen Gold einlösen können. Der Mechanismus sah vor, dass enstprechend dieser Einlösungen der Goldbestände die Geldmenge in US-Dollar abnehmen würde und die USA über ein niedrigeres Preisniveau wieder wettbewerbsfähiger werden würden. Tatsächlich jedoch hielten sich die Vereinigten Staaten nicht an die Vereinbarung und die US-Geldmenge wuchs weiter trotz fallender Goldbestände. Es kam zu einer immer größer werdenden Diskrepanz zwischen der exponentiell ansteigenden Schöpfung ungedenkten Geldes und dem sinkendend Goldbestand.

Seit dieser Zeit ist die Schöpfung ungedeckten Geldes weitergegangen. Während der Geldumlauf (M1) Anfang 2017 rund 3400 Milliarden US-Dollar betrug, umfasste der Bestand an Gold 8133 Tonnen, was einem Wert von etwa 346 Milliarden US-Dollar entspricht. (Siehe Status Report of U.S. Government Gold Reserve. *February 28, 2017.*

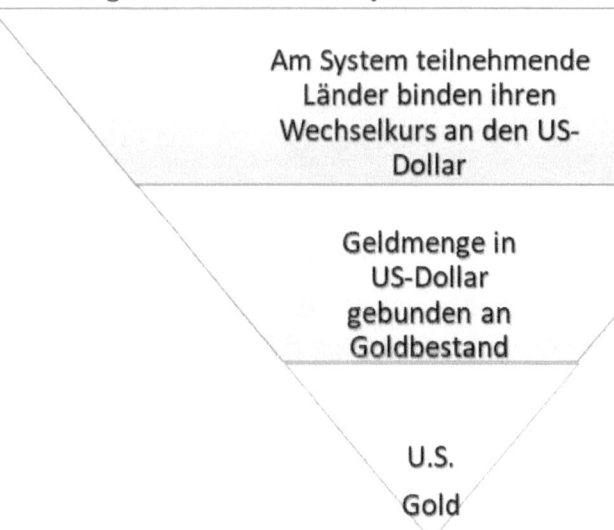

Umgkehrte Gold-Dollar-Pyramide des Bretton Woods-Systems

Die zu Beginn des Bretton Woods-System 1949 festgelegten Wechselkuse erwiesen sich im Verlauf als korrekturbedürftig. Die DM musste aufgewertet werden, während Franc und das Pfund abwerteten. Allerdings blieben die Wechselkursänderungen bescheiden, wenn man sie mit den Ausschlägen vergleicht, die nach dem Ende des Bretton Woods Systems zu Beginn der 1970er Jahre auftraten.

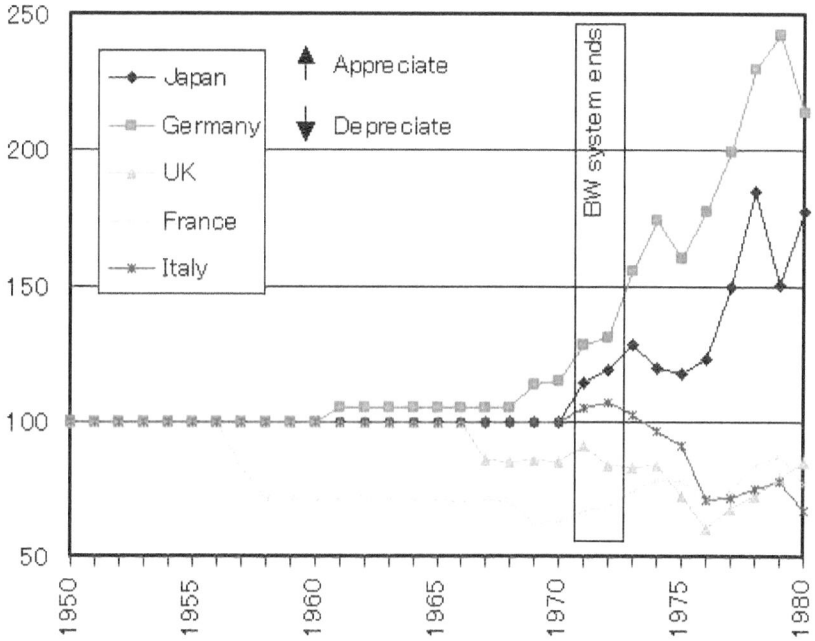

Quelle: Bordo, Michael D., and Barry Eichengreen (eds), *A Restrospect on the Bretton Woods System: Lessons for International Monetary Reform*, NBER and University of Chicago Press, 1993.

***

Die Vereinigten Staaten profitieren von der Rolle des US-Dollars als wichtigste internationale Währung, sodass sie, solange diese Rolle dem Dollar zukommt, weder um ihre Auslandsverschuldung noch um ihr Leistungsbilanzdefizit besorgt sein müssen. Dauerhaft können sich die Vereinigten Staaten ein Leistungsbilanzdefizit leisten, solange der US-Dollar weltweit nachgefragt wird und die US-Regierung somit unbegrenzt über Geldreserven verfügt.

Die Amerikaner gleichen ihr Leistungsbilanzdefizit durch Kapitalimporte aus, die aus der Sicht des Auslands dazu dienen, Währungsreserven anzuhäufen. Im Unterschied zu anderen Ländern können so die USA beruhigt auf ihre Auslandsverschuldung blicken, die zwar die größte der Welt darstellt, aber keine unmittelbare Gefahr einer Zahlungsunfähigkeit darstellt, weil sie in eigener amerikanischer Währung, das heißt auf US-Dollar, lautet.

Die amerikanische Regierung besitzt über den Dollar Währungshoheit und kann diesen in unbeschränkter Höhe produzieren. Die Stellung der USA als Produzent der internationalen Reservewährung stellt ein wesentliches Korrelat zur globalen politischen Herrschaft der Vereinigten Staaten dar.

Relative Anteile an den internationalen Währungsreserven seit 1995

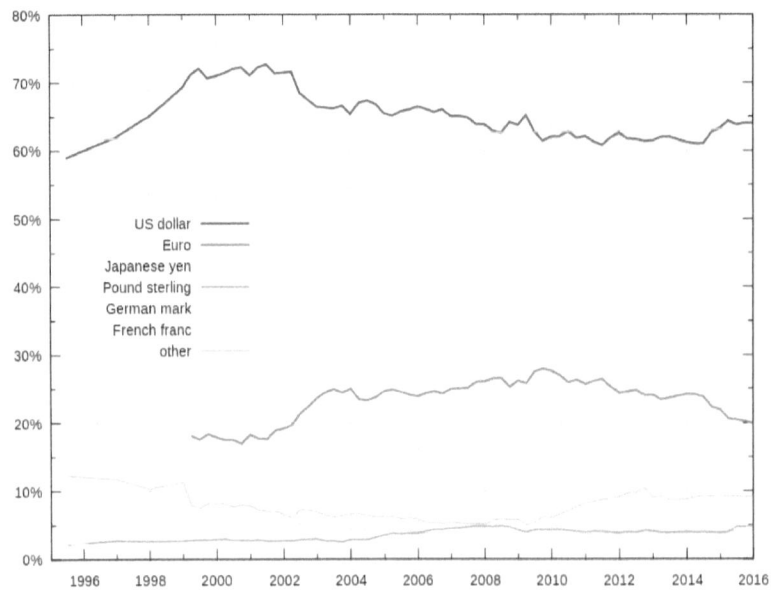

Quelle: Internationaler Währungsfonds:
http://data.imf.org/?sk=E6A5F467-C14B-4AA8-9F6D-5A09EC4E62A4

Die Grafik zeigt die überragende Rolle des US-Dollars als internationale Reservewährung.

Die Einführung des Euro 1999 konnte die Rolle der amerikanischen Währung nur marginal schmälern. Nach wie vor umfassen die in US-Dollar gehaltenen globalen Währungsreserven rund 65 %.

Der Anteil des Euro schwankt zwischen 20 % und 30 %, wobei ab 2010 der Anteil rückläufig und der US-Dollar besonders ab 2014 seine Position wieder erhöhen konnte.

Trotzdem scheinen die Tage des Dollars gezählt, da die Rolle als Emittent der Weltreservewährung mit anhaltenden Handelsbilanzdefiziten verbunden ist, die sich in steigender Auslandsverschuldung akkumulieren und langfristig das Vertrauen in die Währung untergraben.

Als Emittent der Weltreservewährung können die USA so lange mehr importieren als exportieren wie das Vertrauen in die amerikanische Währung anhält. Allerdings fordert dieses Privileg auch seinen Preis. Die Wirtschaft des Landes, welches die Weltreservewährung ausgibt, wird zunehmend abhängig von Importen. Im Unterschied zu einem ausgeglichenen Handel kommt es für dieses Land zu Verzerrungen seiner Produktionsstruktur.

Mit einer gemeinsamen europäischen Währung haben sich die Länder der Eurozone der Tributpflicht gegenüber der Dollardominanz entzogen. Je mehr der Handel in und zum Teil außerhalb Europas in Euro stattfindet, desto weniger Dollars müssen die Euroländer als Währungsreserven halten. Dollars sind für diese Länder noch nötig, um Öl und andere Rohstoffe zu handeln. Damit tut sich ein neuer Konflikt auf, denn für die Vereinigten Staaten ist die Rolle des US-Dollars im internationalen Handel von herausragender Bedeutung. Es liegt auf der Hand, dass die amerikanische Regierung nichts unversucht lassen wird, um ihre Position in diesem Bereich zu halten.

∗∗∗

Die militärische Macht der USA hängt von ihrer finanziellen Macht ab, wenn man bedenkt, dass die jährlichen Kapitalimporte Amerikas in etwa den Militärausgaben entsprechen. Die amerikanische Militärmacht wird so gleichsam vom Ausland finanziert. Die hauptsächlichen Gläubiger der USA sind China, Japan, andere asiatische Länder sowie die OPEC-Mitgliedsländer. Wenn diese Länder dazu übergehen, ihren Außenhandel nicht mehr hauptsächlich in US-Dollar abzuwickeln, ist es mit der finanziellen Vormachtstellung der USA vorbei, und die Finanzierung des doppelten Defizits von Leistungsbilanz und Staatshaushalt wird für die Vereinigten Staaten zu einem Problem. Je mehr die Rolle der chinesischen Währung international an Bedeutung gewinnt, desto mehr verringert sich relativ die Position des US-Dollars. Ein deutlicher Schritt in diese Richtung fand statt, als der Internationale Währungsfonds (IWF) den chinesischen Yuan in die Zusammensetzung der Sonderziehungsrechte (SDR) aufgenommen hat.

***

Sonderziehungsrechte

Im Jahre 2015 hat der Internationale Währungsfonds den chinesischen Yuan (CNY) mit 10,9 % in die Zusammensetzung der Sonderziehungsrechte aufgenommen. Während sich dadurch die Gewichtung des US-Dollars von 2010 auf 2015 nur leicht von 41,9 % auf 41,7 % verminderte, nahm der Anteil des Euro von 37,4 % auf 30,9 % ab, während der japanische Yen (JPY) von 9,4 % auf 8,3 % und das britische Pfund (GBP) von 11,3 % auf 8,1 % reduziert wurde.

Zusammensetzung des Währungskorbes der Sonderziehungsrechte des Internationalen Währungsfonds 2010 und 2015

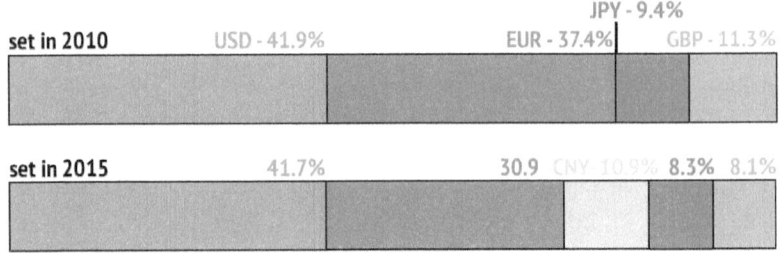

Quelle: Internationaler Währungsfonds, Grafik CNBC
http://www.cnbc.com/2015/12/02/who-loses-when-the-renminbi-joins-the-imf-basket.html
Gemäß Angaben von SWIFT
file:///C:/Users/Antony%20Mueller/Downloads/swift_bi_currency_evolution_infopaper_57128.pdf hielt der US-Dollar 2015 einen Anteil von 43,3 % und der Euro 28,6 %. Die Rolle des chinesischen Yen für internationale Zahlungen ist mit einem Anteil von 2,5 % noch gering, aber deutlich im Steigen begriffen.

***

Solange wie Europa noch eine bloße Wirtschaftsgemeinschaft war, stellte die Gemeinschaft für die USA keine Bedrohung dar. Im Gegenteil: die europäische Einheit war während des Kalten Krieges ein Aktivposten für die geopolitische Strategie. Auch für die Europäer war die Annahme des Dollarsystems vorteilhaft. Während der ersten Phasen der europäischen Integration, ausgehend von der Europäischen Gemeinschaft für Kohle und Stahl zu Beginn der fünfziger Jahre, war die europäische Einigung ganz darauf angewiesen, in das Regelwerk fester Wechselkurse, so wie es das auf der Basis des Dollars errichtete Währungssystem von Bretton Woods vorsah, eingebettet zu sein.

Eine gemeinsame europäische Währung macht durchaus Sinn, um das Wechselkursrisiko auszuschalten und so den Austausch von Gütern und Dienstleistungen und den Kapitalverkehr zu erleichtern. Das Problem ist nicht der Euro per se, sondern dass dieser in die Hände einer Organisation gelegt wurde, nämlich der Europäischen Zentralbank (EZB), die nach dem Muster nationaler Notenbanken geschmiedet ist.

Die EZB agiert als Interventionsmaschinerie und sie missachtet das Regelwerk, wonach gemäß dem Vertrag zur Europäischen Union das „No bailout"-Prinzip gelten soll. Diese Regel besagt, dass jedes Mitglied der Eurozone allein für seine Staatsschulden haftet. Es ist kein Wunder, dass das Vertrauen in die gemeinsame europäische Währung verloren geht, und dass das Misstrauen sich auf das Projekt eines geeinten Europas insgesamt ausdehnt.

***

Bestimmungsgründe des Wechselkurses

Die Hauptdeterminanten des Wechselkurses sind der internationale Handel und der internationale Kapitalverkehr, die relativen Preisveränderungen des Auslands zum Inland und die politische Lage. Der Wechselkurs (e) ist in Form der sogenannten Mengennotation gleich der Auslandswährung (AW) im Verhältnis zur Inlandswährung (IW). Aus deutscher Sicht ist der Dollarkurs demnach als $\frac{USD}{EUR}$ definiert.

Wenn die Inlandswährung so notiert wird, bedeutet ein Anstieg eine Aufwertung der Inlandswährung – im Unterschied zur Konvention zu Zeiten der DM, als üblicherweise die Notierung in der Form $\frac{DM}{USD}$ erfolgte. In diesem Fall ist ein Anstieg der Notierung eine Abwertung der DM und ein Rückgang der Notierung eine Aufwertung der DM.

Antony P. Mueller

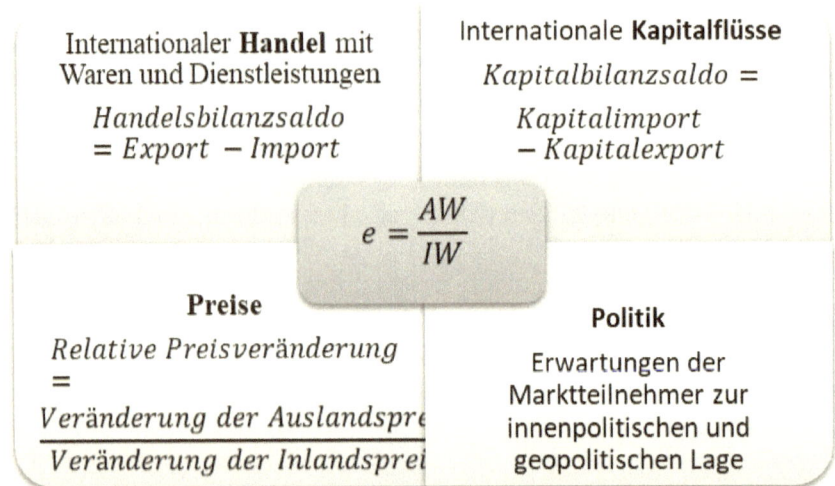

Der Wechselkurs in der Definition von $e = \frac{AW}{IW}$ steigt (wertet auf) je höher der Handelsbilanzüberschuss ist, je stärker der Kapitalzufluss (Kapitalimport) ist, je mehr die Auslandspreise relativ zu den Inlandspreisen steigen und je günstiger die Marktteilnehmer die politische Lage des Landes und seines geopolitischen Umfeldes einschätzen.

Da sehr verschiedenartige Kräfte auf den Wechselkurs einwirken, kann es nicht verwundern, dass es unter einem flexiblen Wechselkursregime zu extremen Kursschwankungen kommt. Aufgrund der hohen Komplexität der Interaktionen, die den Wechselkurs bestimmen, sind verlässliche Prognosen nicht möglich.

Ein Hauptmotiv der Einrichtung der Europäischen Währungsunion war es, durch eine gemeinsame Währung die Wechselkursänderungen zu beseitigen.

Ein fixes Wechselkurssystem gab es unter dem Goldstandard, wonach die teilnehmenden Länder ihre Währung jeweils in Goldeinheiten *definierten und somit alle Währungen im Goldgewicht einen gemeinsamen Nenner hatten.*

Mechanismus des internationalen Goldstandards (specie flow)

Der internationale Goldstandardmechanismus korrigiert automatisch Ungleichgewichte im Aussenhandel. Im Unterschied zum modernen Geldwesen verhindert der Goldstandard sowohl chronische Inflation wie auch persistente Leistungsbilanzsalden.

Im Falle, dass Land A ein Handelsbilanzdefizit (IM > EX) gegenüber Land B aufweist, das entsprechend einen Überschuss (EX > IM) in der Handelsbilanz bei B bedeutet, kommt es zu einem Abfluss von Gold bei Land A (G↓→B) zu Land B (G↑←B).

Entsprechend der Goldmenge (G) nimmt in Land B ab die Geldmenge (M↓) ab und steigt in Land B (M↑). In deren Folge sinkt das Preisniveau bei Land A (P↓) und erhöht sich in Land B (P↑).

Durch die Veränderung der relativen Preisniveaus steigen bei A die Exporte und fallen die Importe (EX↑, IM↓), während bei Land B umgekehrt die Importe zunehmen (IM↑) und die Exporte fallen (EX↓). Dadurch kommt es zum wechselseitigen Ausgleich der Handelsbilanzen (EX=M) in beiden Ländern.

Goldstandardmechanismus

```
┌─────────────────┐    ┌─────────────────┐    ┌─────────────────┐
│  Handels-       │ →  │  Goldabfluss    │    │  Monetäre       │
│  bilanzdefizit  │    │                 │    │  Kontraktion    │
└─────────────────┘    └─────────────────┘    └─────────────────┘

┌─────────────────┐    ┌─────────────────┐
│  Fallendes      │    │  Steigende      │
│  Preisniveau    │    │  Exporte -      │
│                 │    │  fallende Importe│
└─────────────────┘    └─────────────────┘
```

Der Goldstandard wurde im Ersten Weltkrieg aufgegeben, um den Regierungen freien Raum zur Geldschöpfung zu geben. Damit waren die Grundlagen zur Inflation gelegt, die ihren Anfang 1914 nahm und 1923 zur Hyperinflation mit der Vernichtung des Geldwertes und zur Verarmung der Sparer führte.

***

Wenn es bereits in den fünfziger und sechziger Jahren zu solchen Wechselkursinstabilitäten gekommen wäre, wie sie in den 70er Jahren des vorigen Jahrhunderts auftraten, hätte es wohl kaum eine tiefe wirtschaftlichen Integration der europäischen Wirtschaften gegeben. Die Wechselkurse können schnell im zweistelligen Prozentbereich schwanken und jegliche langfristige grenzüberschreitende Investitionsplanung zunichtemachen.

Das Weltwährungssystem der Nachkriegszeit bot für die ersten beiden Jahrzehnte der europäischen Integration einen Schutzschild gegen Währungsturbulenzen. Als es dann zum Zusammenbruch des Bretton Woods Systems kam, fanden die Europäer neue Wege, Mechanismen zur Wechselkursstabilisierung zu erproben bis dann Ende der 1990er Jahre eine gemeinsame europäische Währung, der Euro, eingeführt wurde.

***

Triffin-Dilemma und Importierte Inflation

Benannt nach dem aus Belgien stammenden Ökonomen Robert Triffin (1911-1993), besteht das „Triffin Dilemma" (manchmal auch „Triffin Trilemma" genannt) darin, dass ein System fester Wechselkurse, so wie es mit dem Bretton Woods System konzipiert wurde, mit freiem Kapitalverkehr und einer autonomen Geldpolitik inkompatibel ist.

Triffin Trilemma

[Feste Wechselkurse]

[Autonome Geldpolitik]   [Freier Kapitalverkehr]

Die Teilnahme am Bretton Woods System nach der Freigabe des internationalen Kapitalverkehrs ging mit dem Verlust der Kontrolle über die nationale Geldmenge einher. Dies betraf direkt die Bundesrepublik Deutschland während der 60er Jahre bis zum Zusammenbruch des Bretton Woods Systems Anfang der 70er Jahre.

Sobald die Deutsche Bundesbank versuchte, eine restriktive Geldpolitik durchzuführen und zu diesem Zweck die Zinssätze erhöhte, kam es zu Kapitalzuflüssen aus dem Ausland, um von den höheren Zinssätzen zu profitieren und um auf die Aufwertung der DM zu spekulieren.

Die Bundesbank musste gemäß den Regeln des Bretton Woods Systems die zufließenden Devisen aufkaufen und in DM umtauschen, um den fixierten Wechselkurs in der Bankbreite zu halten. Dadurch stieg die Geldmenge in Deutschland. Mit der Liquiditätsausweitung wurde das Geldmengenziel der Deutschen Bundesbank unterlaufen. Es kam zur „importierten Inflation".

Prozess der „importierten Inflation" im Festkurssystem von Bretton Woods

i ↑ ↔ M↓ → π*↓

Die Bundesbank erhöht mit dem Ziel der Inflationsbekämpfung den Zinssatzes (i), um das Wachstum der Geldmenge (M) zu reduzieren.

$ → DM

Die relative höheren Zinsen führen zu internationalen Kapitalzuflüssen nach Deutschland. Fixe Wechselkurse verpflichten die Bundesbank zum Aufkauf der Devisen.

DM ↑ → M↑ π↑

Um den Wechselkurs in der Bandbreite zu halten, muss die Bundesbank die zufliessenden Dollar in DM umtauschen. Es kommt zur Erhöhung der Geldmenge. Die Inflationsbekämpfung scheitert (π↑)

Etappen der Europäischen Währungsunion

Jahr	Etappe
1969	Diskussion von Vorschlägen zur Schaffung einer gemeinsamen europäischen Währung angesichts des bevorstehenden Endes des Bretton Woods-Systems
1970	„Werner-Plan" zur Einrichtung eines gemeinsamen europäischen Währungsraums
1971	Zusammenbruch des Bretton Woods-Systems
1972	„Schlange" – gemeinsames „Verbundfloaten" mehrerer europäischer Währungen gegenüber dem US-Dollar
1979	Europäisches Währungssystem (EWS) mit dem ECU (European currency unit) als künstliche Referenzwährung
1991	Maastrichter Vertrag mit Plan zur Schaffung einer gemeinsamen Währung und Festlegung der Bedingungen des Beitritts („Maastricht-Kriterien")
1998	Einrichtung der Europäischen Zentralbank (EZB)
1999	Einführung des Euros (€) im Finanzsektor
2002	Einführung des Euro als gemeinsame europäische Währung für 12 der 15 Mitgliedsländer der Europäischen Union am 1. Januar

Der Prozess der Schaffung einer gemeinsamen europäischen Währung beginnt Ende der 60er Jahre, als klar wurde, dass die Tage des Bretton Woods-Systems gezählt waren. Es ging darum, den wachsenden innereuropäischen Handel gegen abrupte Wechselkursänderungen abzusichern, die mit der Auflösung der Dollarbindung kommen würden.

1971 kam es zum erwarteten Zusammenbruch des Bretton Woods-System. Als Zwischenlösungen wurde die sogenannte „Schlange" installiert und ab 1979 das Europäische Währungssystem (EWS).

Je mehr sich diese Institutionen jedoch als unzureichend erwiesen, die Wechselkurse dauerhaft zu stabilisieren, gewann das Ziel einer einheitlichen Währung erneut an Bedeutung.

Der Euro wurde 1999 im Finanzbereich und 2002 als physische Währung von 12 der damaligen 15 EU-Mitglieder eingeführt.

***

Währungspolitik ist Machtpolitik, genauso wie Sozialpolitik Nationalpolitik ist. Beide Gebiete sind von der politischen Macht und ihrer Ohnmacht geprägt. Es darf deshalb nicht wundern, dass diese Bereiche voll von Problemen stecken. Sie stellen keine Ordnungen dar, sondern sind Konstrukte, die sich laufend als reparaturbedürftig erweisen. Eine Krise folgt der anderen. Dies hat mit einer kapitalistischen Wirtschaftsordnung wenig zu tun.

Zur Mythologie internationaler Finanzkrisen

Auslandsverschuldung ist nicht die Konsequenz von Marktversagen, sondern die von Regierungsversagen. Eine Verschuldungskrise zeigt exemplarisch, dass Regierungen kurzfristig Vorteile auf Kosten der Zukunft gewinnen wollen. Auslandsverschuldung ist ein noch raffinierterer Weg als die Inlandsverschuldung durch Betrug am Wähler Stimmen zu gewinnen. Während Auslandsverschuldung im Hinblick auf die Anfangsphase des Verschuldungsprozesses den bequemeren Weg als die inländische Staatsverschuldung darstellt, ist die Auslandsverschuldung mit schwierigeren Problemen konfrontiert, wenn der Kapitalzufluss aus dem Ausland ins Stocken gerät und die Bedienung der Schulden fällig wird.

Im Unterschied zur inländischen Staatsverschuldung kommt bei der Auslandsverschuldung hinzu, dass das jeweilige Land sowohl mit einem internen steuerlichen Aufbringungsproblem als auch mit einem grenzüberschreitenden Transferproblem konfrontiert ist. Eine Zahlungskrise wird somit bei der Auslandsverschuldung sowohl den Staatshaushalt betreffen als auch die Zahlungsbilanz.

Bei der Auslandsverschuldung ist außerdem zu unterscheiden, ob die Verschuldung in eigener oder in fremder Währung besteht. Wenn die Verschuldung auf Fremdwährung lautet, kommt hinzu, dass eine Abwertung der heimischen Währung den Betrag, der in Fremdwährung als Auslandsverschuldung geschuldet wird, sich in Landeswährung gerechnet entsprechend der Abwertung erhöht. Zwar wird durch die Abwertung das Transferproblem erleichtert, weil das Land durch die Währungsabwertung mit seinen Exporten wettbewerbsfähiger geworden ist, aber gleichzeitig verschärft sich dadurch das Aufbringungsproblem, weil nun im Staatshaushalt, der ja in Inlandswährung zu erstellen ist, entsprechend höhere Summen, aufbringen muss, um Zins und Tilgung zu leisten.

***

US-Auslandsverschuldung

Die US-amerikanische Auslandsverschuldung betrug zum Ende des 2. Quartals 2021 US$ 22,6 Billionen.

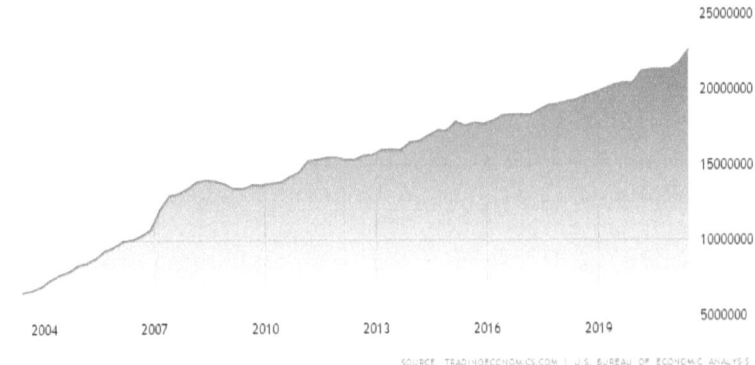

Quelle: U.S. Bureau of Economic Analysis, tradingeconomics

***

USA Netto-Vermögensposition -
als Spiegelbild der Verschuldung gegenüber dem Ausland, 1980-2021 (Net International Investment Position in Mrd. US-Dollar)

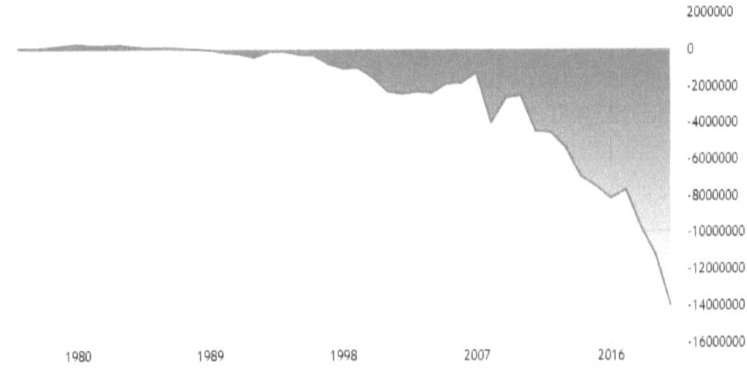

Quelle: U.S. Bureau of Economic Analysis. Tradingeconomics.com

Der größte Teil dieser Auslandsverschuldung umfasst Bundesschulden in den Händen von ausländischen und internationalen Investoren in Höhe von über sechs Billionen US-Dollar.

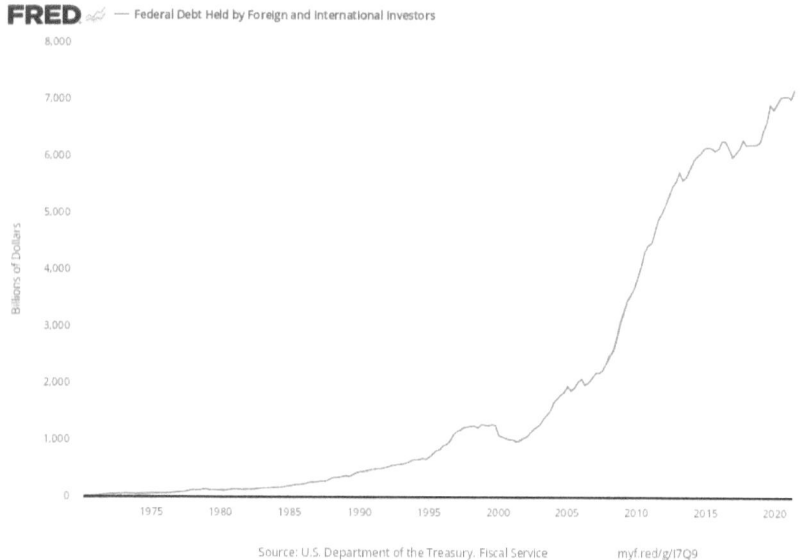

Quelle: FRED: https://fred.stlouisfed.org/series/FDHBFIN

Die Auslandsverschuldung steigt mit dem Leistungsbilanzdefizit. Die Vereinigten Staaten können sich so lange Importüberschüsse leisten, wie andere Länder dieses finanzieren.

Mit der Rolle des US-Dollars als Weltreservewährung steht und fällt die Rolle der USA als Weltmacht. Wie bereits China, dürften auch andere Länder nicht mehr so wie in der Vergangenheit bereit sein, US-Dollars als Währungsreserven zu halten. Wenn dieser Trend anhält, kommt es zur Abwertung des US-Dollars, und die USA stehen vor der Herausforderung, ihre importabhängige Volkswirtschaft auf mehr Exporte auszurichten.

***

Mit rund achttausend Milliarden US-Dollar sind die Vereinigten Staaten von Amerika derzeit der größte Auslandsschuldner der Welt. Da aber die Verschuldung in eigener Währung besteht, kann es theoretisch für die USA zu keiner Zahlungsunfähigkeit kommen.

Die Vereinigten Staaten können so viele Dollars schöpfen, wie sie wollen. Griechenland hingegen ist Mitglied der Eurozone und kann so nicht autonom so viel neues Geld schaffen, wie es die Regierung möchte. Das Land ist zwar mit dem Euro in der eigenen Landeswährung verschuldet, Griechenland kann aber den Euro nicht beliebig selbst herstellen und auch nicht eigenwillig abwerten. Griechenland muss somit das Aufbringungsproblem über den Staatshaushalt lösen und als Ersatz für eine Abwertung des Wechselkurses eine innere Abwertung vornehmen, d.h. das Lohnniveau senken.

Mit Ausnahme der USA ist Auslandsverschuldung für alle Länder ein Desaster. Jede wirtschaftspolitische Maßnahme erweist sich als zweischneidig. Einerseits muss das Land wettbewerbsfähiger werden und benötigt damit eine schwache Währung. Andererseits nimmt mit einer Abwertung die Auslandsverschuldung in Inlandsgewährung gerechnet zu und das Land muss ein höheres heimisches Steueraufkommen für die Auslandsschuld bereitstellen. Einerseits braucht das Land ein höheres Sparaufkommen und muss durch höhere Zinssätze versuchen, neues Auslandskapital anzuziehen, andererseits wirken sich höhere Zinssätze negativ auf die private Investitionstätigkeit aus. Im Staatshaushalt muss das Schuldnerland eine Umschichtung vornehmen und Ausgaben für die Binnenwirtschaft zugunsten der ausländischen Gläubiger leisten.

Ein Teil des Problems besteht auch darin, dass seitens der Kreditgeber eine explizite oder implizite Garantie vergeben wurde. Zur Überschuldung kommt es so durch ‚*Moral Hazard*', dem moralischen Risiko der Versicherung. Wenn die Regierungen stillschweigend oder explizit eine Rettungsgarantie aussprechen für den Fall einer Überschuldung wird durch diese Ankündigung der Krisenfall herbeigeredet.

Die Schuldenkrise Griechenlands seit 2010 ist so ein Fall. Zur Überschuldung kam es, als Kreditgeber und Kreditnehmer annahmen, dass es bei drohender Zahlungsunfähigkeit zu einem "*Bailout*" käme, obwohl der Vertrag zur europäischen Währungsunion solche Rettungsaktionen für die Staatsfinanzen individueller Mitgliedsstaaten ausdrücklich verboten hatte. Diese Regelung wurde aber nicht mehr ernst genommen, seitdem klar wurde, dass sich auch die gewichtigsten Länder, so wie Deutschland und Frankreich, nicht an Regeln halten würden. Schließlich kam es dazu, dass schon in den ersten Jahren nachdem der Euro eingeführt wurde, die ersten Vertragsverletzungen der Schulden- und Defizitregel (60 % maximale Staatsverschuldung und 3 % maximales Haushaltsdefizit zum Bruttoinlandsprodukt) stattfanden, und zwar angeführt von Deutschland und Frankreich bei der Verletzung der vorher als heilig angesehenen Regel für das Haushaltsdefizit. Damit setzten die beiden europäischen Führungsländer von Anfang an ein schlechtes Exempel. Es darf nicht wundern, dass sie Nachfolger fanden.

Bei der ersten Rettungsaktion von Griechenland ging es darum, das europäische Bankensystem zu sichern, womit aber das Problem des moralischen Risikos erst so richtig evident wurde. Was folgte, hat denen Recht gegeben, die wider jede Vernunft rücksichtslos den südeuropäischen Ländern Kredite einräumten. Sie handelten unter der Prämisse, dass dann, falls etwas schiefginge, die Politik bereitstünde, um die Gläubigerbanken zu retten. So ist es denn auch geschehen. Nachdem die Regierungen der Gläubigerländer hinsichtlich weiterer Rettungspakete an Grenze gestoßen sind, hat sich die europäische Zentralbank, ebenfalls entgegen den Statuten, als Rettungsschirm etabliert, indem sie seit 2015 durch den Aufkauf von Staatsanleihen der Mitgliedstaaten der Eurozone ungehemmt Staatsfinanzierung betreibt.

***

Geldschöpfung im Eurosystem

Wo es Schuldner gibt, da müssen auch Gläubiger sein. Bei der Auslandsverschuldung der Länder der Eurozone ist das vor allem die Bundesrepublik Deutschland. Bei der deutschen Bundesbank akkumulieren sich die Transfersalden des sogenannten Target-Systems. TARGET (Trans-European Automated Real-time Gross Settlement Express Transfer System) ist ein automatisches Echtzeit Abwicklungssystem für den Euro-Zahlungsverkehr. Bei diesem System (nach der Reform Target II genannt) bauen die einzelnen nationalen Euro-Notenbanken Salden gegenüber der Europäischen Zentralbank auf, die bei Exportüberschüssen Forderungen beinhalten und bei Handelsbilanzdefiziten Verbindlichkeiten sind. In dem Ausmaß wie Deutschland gegenüber den Ländern der Eurozone Handelsbilanzüberschüsse erwirtschaftet, erwirbt die Bundesbank Forderungen gegen die Europäische Zentralbank. Desgleichen findet statt, wenn aus den europäischen Krisenländern Fluchtgeld nach Deutschland fließt.

Gemäß Angaben der Deutschen Bundesbank belief sich der Target-Saldo der deutschen Notenbank an Ende des zweiten Quartals 2018 auf 976,3 Milliarden Euro und 2020 die ein-Billionen-Grenze überschritten. (Target2-Salden der Bundesbank bis 2021 | Statista)

Inzwischen ist die Europäische Zentralbank zum Selbstbedienungsladen der Schuldnerländer geworden, die von der EZB großzügig im Zuge des OMT (Outright Monetary Transactions) Programms mit Liquidität versorgt werden. Entsprechend ist es bei der europäischen Notenbank zu einer immensen Ausweitung ihrer Bilanz und damit zur Neuschöpfung von Zentralbankgeld gekommen.

Europäische Zentralbank (EZB). Bilanzsumme 1999-2021 (in Mio. Euros)

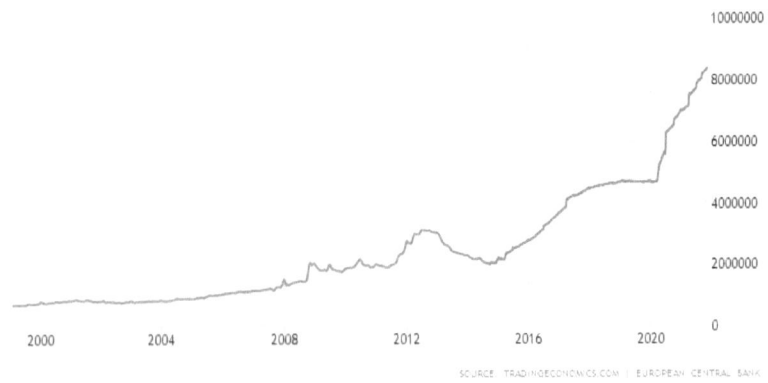

Quelle: Europäische Zentralbank. Tradingeconomics

Ausgehend von rund 692 Mrd. Euro im Februar 1999 ist die Bilanzsumme der EZB bis Mitte 2018 auf 4,6 Billionen Euro gestiegen und hat 2021 die 8-Billionen-Grenze überschritten.

***

Ein anderer Fall der Krise, die dem Kapitalismus in die Schuhe geschoben wird, ist der Finanzkollaps des Jahres 2008. Hier wird oft behauptet, die Krise sei wegen der Deregulierung der Finanzmärkte entstanden und somit ein Beweis, dass freie Märkte nicht funktionieren.

Dabei wird unterschlagen, dass die Börsen, das Bankensystem und das Versicherungswesen zu den am intensivsten reglementierten und vom Staat beaufsichtigten Gebieten gehören. Schließlich ist es kein anderer als der Staat selbst, der mit seiner Notenbank das gesetzliche Zahlungsmittel als Monopolist bereitstellt.

Billiges Geld und niedrige Zinsen zusammen mit einer Politik bewusster Förderung des Immobilienbesitzes gerade auch des ärmeren Teils der Bevölkerung lösten dann die Blase am amerikanischen Immobilienmarkt aus. Die zwei größten, halbstaatlich organisierten, Hypothekenbanken standen dabei ganz im Zentrum der Turbulenzen.

Die amerikanische Immobilienkrise wurde durch die jahrelang von der amerikanischen Notenbank verfolgte Politik des leichten Geldes vorbereitet. Welche Kriterien man auch heranzieht, zum Beispiel die sogenannte Taylor-Regel, es zeigt sich, dass die von der amerikanischen Notenbank manipulierte Leitzinssatz unter der Norm festgesetzt wurden.

Die amerikanische Zentralbank hat aus ihrer verfehlten Zinspolitik von 1999 bis 2007, die zur Finanzkrise von 2008 führte, nichts gelernt, sondern praktiziert seitdem erneut, und noch ausgeprägter, eine Politik des leichten Geldes und extrem niedriger Zinssätze. Zusammen mit der Geldpolitik der Europäischen Zentralbank, welche dieselbe geldpolitische Strategie verfolgt, sind damit die Weichen für eine erneute globale Finanzkrise gestellt.

Die internationale Politik trieb unter der Führung der USA auf das Ziel zu, eine Art Weltregierung mit einer einheitlichen Weltwährung zu etablieren. Die Amerikaner, zumindest bis zu Beginn der Präsidentschaft von Donald Trump (2017), haben dafür die Europäische Union und die europäische Währungsunion auf ihrer Seite, solange wie Europa keine eigenen politischen Ambitionen hat.

Mit dem transatlantischen Freihandelsabkommen soll ein weiterer Schritt hin zu dieser europäisch-amerikanischen Union stattfinden. Dies erfordert auch eine Zurückdrängung des russischen Einflusses, da aus Sicht der Vereinigten Staaten eine europäisch-russische Allianz die amerikanische Hegemonialposition herausfordern würde.

Die Beteiligten wissen sehr wohl, dass dieser Kampf nicht nur mit militärischen Mitteln ausgetragen wird. Das Ringen um die hegemoniale Stellung in der der Welt wird auch mit währungs- und handelspolitischen Maßnahmen durchgeführt. Die Machtposition der Vereinigten Staaten hängt nicht nur lose, sondern fundamental von der Stellung des US-Dollars im internationalen Währungssystem ab.

Es ist ein Irrtum zu glauben, diese Machtspielereien seien dem Kapitalismus innewohnend. Man darf nicht vergessen, dass die Führer der verschiedenen Staaten aus einem innenpolitischen Machtkampf heraus in die nationalen Führungspositionen gelangen. Sind sie einmal an der Macht, setzen sie dieses Spiel fort. Sie suchen nun auf internationaler Ebene ihre Verbündeten und Feinde, so wie sie es vom innenpolitischen Machtkampf unter und in Parteien und politischen Gruppierungen gewohnt sind. Ob mit oder ohne Schafspelz, politische Führer sind eben Machtmenschen.

Der Kapitalismus in diesem System spielt allerdings insofern eine Rolle, als diese Wirtschaftsordnung am wirksamsten die Ressourcen bereitstellt, ohne die das Machtspiel nicht laufen könnten. Hans Hermann Hoppe (1949*) hat die Beobachtung gemacht, dass diejenigen Staaten zu imperialistischen Aktivitäten neigen, die intern die liberalste Wirtschaftsordnung pflegen da sie so in der Lage sind, die besten wirtschaftlichen Ergebnisse zu erzielen, was es dem Staat dann ermöglicht, sich außenpolitisch als Imperialist zu verhalten. Dies war früher bei England der Fall und heute sind es die USA, die über die entsprechenden Wirtschaftskraft verfügen, um global agieren zu können. Dies könnte sich allerdings in Zukunft ändern, wenn andere Länder sich nun entschieden einer freiheitlichen Wirtschaftsordnung zuwenden. Umso wichtiger ist es daher, dass in Zukunft eine liberale Wirtschaftsordnung mit einem libertären politischen System einhergeht, das Macht und Gewalt so weit wie möglich bändigt.

Resümee

Der Sinn des Welthandels liegt nicht im Export, sondern im Import. Man führt deshalb Waren und Dienstleistungen aus, um die Mittel zu erwerben, über die Einfuhr verschiedene Produkte günstiger zu erhalten als es bei rein heimischer Produktion der Fall wäre. Man importiert jene Güter, für deren Herstellung man weniger effizient ist und exportiert jene, die man relativ kostengünstiger produzieren kann.

Protektionismus bewirkt, dass das Land an einem niedrigen Produktivitätsniveau festhält und verarmt. Protektionismus provoziert Gegenmaßnahmen der anderen Länder. Am Ende stehen alle schlechter da.

Die natürliche Währungsordnung der Vergangenheit war der Goldstandard. Für die Gegenwart wäre eine Entstaatlichung des Geldes der richtige Weg. Die Welt braucht ein nicht-nationales Geld. Für eine liberale Weltwirtschaftsordnung zählen der Freihandel und eine globale Währung zu den entscheidenden Punkten. Der richtige Weg hierzu besteht nicht darin, eine Weltregierung zu errichten, sondern im Gegenteil möglichst kleine Länder konkurrieren zu lassen. Mehr als je zuvor bieten die neuen Technologien die Möglichkeit, die Machteinheiten klein zu halten und horizontal zu vernetzen - im Gegensatz zu früheren Epochen, als die Hierarchiebildung mehr Effizienz versprach, wobei jedoch die Transaktionskosten diesen Agglomerationen der Macht klare Grenzen setzten.

Um zu ermöglichen, dass kleine Staaten friedlich miteinander Handel treiben können, muss die Staatsmacht klein gehalten und nach Möglichkeit eliminiert werden. Der erste Schritt hierzu ist die Abschaffung der Politik, so wie wir sie kennen. Ein Weg dazu ist, eine echte Volksvertretung sicherzustellen, indem nicht Berufspolitiker miteinander konkurrieren, sondern ein repräsentativer Teil der Bevölkerung über die Gesetze bestimmt.

Antony P. Mueller

IV.

Ausblick

Was auf dem Spiel steht

Interventionismus und makroökonomisches Management, das Beschäftigung, Wachstum und finanzielle Stabilität bieten sollte, funktionieren nicht mehr. Mehr noch: Je mehr Aufgaben, Verantwortlichkeiten und Rechte wir der Regierung zuweisen, desto mehr wird der Staat totalitär. Mit der modernen Technologie würde der Staat des neuen Jahrtausends alle Werkzeuge erhalten, die nötig sind, um ein Regime der umfassenden Unterdrückung zu schaffen, bei dem keine Spur von menschlicher Freiheit und Würde mehr übrigbliebe.

Die Hoffnung für die neue Epoche ist nicht weniger, sondern mehr Kapitalismus. Die Instrumente staatlicher Intervention können die Probleme nicht lösen. Je komplexer die Gesellschaft und die Wirtschaft geworden sind, desto mehr braucht es Märkte als Instrument der Koordinierung und der privaten Initiative.

Der freie Kapitalismus liefert das Wesentliche für Wohlstand und Freiheit: effiziente Koordination individueller Pläne auf freiwilliger Basis und hoher Produktivität.

Die nächsten Jahrzehnte werden sich in Bereichen wie Recht, Medizin, Bildung und öffentliche Verwaltung - jenen Tätigkeitsfeldern, in denen viele Universitätsabsolventen eine stabile und gut bezahlte Position gefunden haben - grundlegend verändern. In den kommenden Jahrzehnten werden mehr sichere Arbeitsplätze verschwinden oder drastische Veränderungen erfahren. Es ist sinnlos zu erwarten, dass ein College-Abschluss ausreichen würde, um eine gut bezahlte und stabile Position zu garantieren. Eine große Welle der Substitution von Arbeitsmaschinen, die sich im 19. Jahrhundert in der Landwirtschaft und im 20. Jahrhundert im verarbeitenden Gewerbe ereignete, wird jetzt im Dienstleistungssektor einschließlich der hochwertigen Dienstleistungen stattfinden.

Das derzeitige System des verwalteten Kapitalismus ist unfähig, mit den Herausforderungen der neuen Ära fertig zu werden. Nicht mehr Regierung ist die Lösung, sondern höhere Produktivität, und um eine höhere Produktivität zu erreichen, brauchen wir weniger Staat und weniger Politik.

Um der prekären Beschäftigung zu beggnen, wird eine drastische Senkung der Lebenshaltungskosten helfen. Dieses Ziel erfordert Produktivität und nur der freie Kapitalismus kann die wirtschaftliche Effizienz erzeugen. Wir müssen den technologischen Fortschritt in all seinen Formen annehmen, denn so wird die Produktivität zunehmen. Produktivität ist nicht das Problem, es ist die Lösung. Das Problem sind die Kosten des Staates und die nachteiligen Auswirkungen der staatlichen Aktivitäten.

Neben den Sorgen, wie man Arbeit bekommt, lauert eine noch dunklere Gefahr. Wenn wir Staat und Politik nicht rechtzeitig abschaffen, werden die neuen Technologien zu horrenden Instrumenten totalitärer Kontrolle in den Händen der Regierungen. Je größer der Staat und je mächtiger die Regierung, desto größer die Bedrohung. Wir müssen die Macht des Staates verringern und die Politik reduzieren, um unsere Freiheit wiederzuerlangen und zu erhalten.

Die Minimierung und Abschaffung des Staates ist eine dringende Aufgabe, denn andernfalls würde die moderne Technologie der Regierung gewaltige Kontrollinstrumente in die Hand geben. Mit den neuen technischen Mitteln der Überwachung und Herrschaft könnte ein moderner totalitärer Staat den Terror und die Unterdrückung von allem in der Geschichte ersetzen. Der Staat ist nicht nur überflüssig und eine Gefahr für die menschliche Freiheit, sondern ist zu einer Bedrohung für die menschliche Existenz geworden.

Die Gesellschaft ist ein System der Koordination. Die Koordination kann vertikal oder horizontal sein: Entweder als Hierarchie von Kommandos und gewaltsamen Sanktionen oder als freiwilliger Austausch und Kooperation. Von allen bekannten Koordinationsverfahren funktionieren Märkte am besten. Es gibt kein anderes Produktionssystem jenseits des freien Kapitalismus, das mit der hohen Produktivität des reinen Kapitalismus übereinstimmen könnte.

Jenseits von Staat noch Politik

Das gegenwärtige politische System ist keine Demokratie, sondern ist Parteienpolitik. Die Wirtschaft ist keine freie Marktwirtschaft, sondern leidet unter Intervention und staatlichem Management. Um frei und wohlhabend zu sein, muss sich das ändern.

Wir brauchen eine radikale Reduzierung des Staates und seiner Bürokratie. Der Anteil des Staates an rund 50 Prozent der Gesamtproduktion ist zu hoch. Die Staatsverschuldung wächst und bewegt die Nation in Richtung Bankrott. Die Menschen müssen immense Steuern und Abgaben tragen. Um das Dilemma zu lösen, müssen die Lebenshaltungskosten sinken. Dieses Ziel erfordert Produktivität und nur der freie Kapitalismus kann die wirtschaftliche Effizienz erzeugen.

Der Punkt ist nicht, mehr Arbeitsplätze zu haben, sondern ein System zu haben, in dem man sich keine Sorgen um Arbeitsplätze machen muss, weil die Dringlichkeit, einen zu haben, nicht so groß ist wie jetzt.

Angesichts der massiven Kostenlast ist eine gut bezahlte und stabile Position eine Voraussetzung für ein gutes Leben. Unter einem freien Kapitalismus würde sich dies ändern. Die Produktivität wäre so hoch, dass die Lebenshaltungskosten niedrig wären. Es werden Spitzenjobs zur Verfügung stehen, die gut bezahlt werden, aber diejenigen mit einer prekären Beschäftigungssituation müssen sich keine Sorgen machen, weil sie auch ein gutes Leben haben können - einschließlich Unterhaltung, die aufgrund der neuen Technologien fast kostenlos ins Haus geliefert werden.

Drastische Kostensenkungen würden in Medizin, Bildung und öffentlicher Verwaltung auftreten. Andere große Kostenposten, wie etwa Transporte, würden ebenfalls im Preis fallen.

Wenn Staat und Politik verschwunden sind oder zumindest auf ein Minimum reduziert werden, wird sich die Bedrohung eines unterdrückenden Staatsterrorismus auflösen.

Die Organisation der Politik als System konkurrierender politischer Parteien ist ein Hindernis auf dem Weg zum neuen System. Moderne Demokratie ist Parteipolitik. Kandidaten gewinnen durch falsche Versprechen. Der Staat dehnt sich aus, ohne bessere Dienste zu leisten. Die Loslösung des Volksvertreters durch das Los würde das verschwenderische und schädliche System der Parteipolitik beseitigen.

Die Bestimmung des Legislativ-Organs nicht durch Wahl, sondern durch Zufall würde eine neue Ära einläuten und den Schritt weg von der oligarchischen Herrschaft und zu einer authentischen Demokratie markieren. Zusammen mit der Privatisierung von Geld und des Rechtssystems würde die Politik der Endparteien den Weg zu mehr öffnen prosperierende Wirtschaft mit hoher Produktivität. Es würde keine Staatsverschuldung geben. Die Last der Beiträge und Steuern würde sinken. Mit den Lebenshaltungskosten verliert das Risiko der Arbeitslosigkeit seine Bedrohung.

Unter einer anarcho-kapitalistischen Ordnung wäre eine vorübergehende oder gar anhaltende Arbeitslosigkeit kein Unheil mehr, so wie sie jetzt ist. Im Kapitalismus geht es darum, die menschliche Arbeit durch Kapital zu ersetzen und uns von der Last der langweiligen Arbeit zu befreien und uns die Sorge über das nächste Essen zu nehmen. Hohe Produktivität ist dazu der Schlüssel.

Um hohe Produktivität zu erzielen, braucht es nicht mehr Staat, sondern mehr freien Kapitalismus.

Während das 20. Jahrhundert den tiefgreifenden Wandel der Produktion erlebt hat, revolutioniert die Technologie jetzt den Dienstleistungssektor. Die Fachleute - von Ärzten über Rechtsanwälte, Pädagogen bis hin zu öffentlichen Verwaltern - werden sich großen Herausforderungen stellen müssen. Die Transformation ist bereits auf dem Weg. Viele scheinbar sichere Arbeitsplätze werden ausgelöscht werden. Roboter und künstliche Intelligenz machen komplexe Aufgaben nicht nur billiger, sondern auch leistungsfähiger. Die neuen Technologien dringen in die Büros der Berater, in die Kanzlei, in die Klassenräume und in die Krankenhäuser ein. Mit einem Klick lassen sich in Sekundenschnelle bessere Diagnosen, als es Menschen liefern könnten, auf dem Bildschirm zeigen - sei es eine medizinische Beurteilung oder die Analyse eines rechtlichen Problems. Maschinen ersetzen selbst anspruchsvolle Berufe.

Was hält die Zukunft bereit für Arbeitsplätze, Fähigkeiten und Löhne? Was bedeutet das für die Zukunft des Kapitalismus? Welche Art von Wirtschaftssystem ist am besten geeignet, um die Herausforderung zu meistern?

Im 19. Jahrhundert konnte man dem Landarbeiter sagen, in die Stadt zu gehen und einen Beruf zu erlernen. Im 20. Jahrhundert könnte man dem jungen Mann oder Mädchen sagen, dass sie vorwärtsgehen und studieren sollten. Das waren alles gute Ratschläge. Doch im neuen Jahrtausend gibt es keinen Weg nach oben. Der Übergang von der Landwirtschaft zur Industrie und von der Industrie zu den Dienstleistungen ist beendet. Jetzt, um an die Universität zu gehen und einen Abschluss zu bekommen, ist nicht mehr eine Garantie für einen gut bezahlten und sicheren Job. Berufspositionen fallen der Automatisierung und dem Ansturm künstlicher Intelligenz zum Opfer.

Die Sprossen der Leiter sind besetzt. Damit einer nach oben kommt, müsste ein anderer herabsteigen. Sozialer Aufstieg ist eine Sache der Vergangenheit. Dieser Wettlauf macht keinen Sinn mehr. Die gute Nachricht ist, dass soziale Hierarchien verschwinden.

Was ist der Ausweg? Das Versprechen von "Jobs, Jobs, Jobs" wird umsonst sein. Je mehr der Staat versucht, Arbeitsplätze zur Verfügung zu stellen und Positionen sicherer zu machen, desto mehr sinkt die Produktivität und die Einkommen sinken. Das neue Jahrtausend braucht einen anderen Ansatz. Die Antwort lautet: Technologie vollständig annehmen. Je mehr die neuen Technologien die menschliche Arbeit ergänzen, desto produktiver wird die Arbeit. Die Dringlichkeit, eine feste Position als Berufstätiger zu haben, nimmt ab.

Eine notwendige Bedingung für den Produktivitätsschub ist weniger Staat und das Ende der Politik. Weniger Staat und weniger Politik würden den Bürger von der schweren Last befreien, mit der er jetzt konfrontiert ist. Die Produktivität würde steigen, wenn der Staat schwindet. Die Person wird von beiden Seiten befreit. Zum einen sinkt die Belastung durch Steuern und Beiträge. Auf der anderen Seite verringern Produktivitätsgewinne die Lebenshaltungskosten. Die derzeitige "Alles-oder-Nichts"-Falle würde verschwinden.

Die heute so große Diskrepanz zwischen einem Leben mit sicherer Stellung und dem mit einer prekären Beschäftigungssituation würde sich im freien Kapitalismus einebnen. Jetzt ist es so, dass, wenn man einen professionellen Job hat, die materielle Situation in Ordnung ist. Aber wenn man seine Stellung verliert, ist der Sturz ist enorm. Wir brauchen ein System, das diese Dichotomie vermeidet. Eine anarcho-kapitalistische Ordnung würde die Last der Steuern und der Beiträge senken. Der freie Kapitalismus würde den Weg zu enormen Produktivitätsgewinnen öffnen. Dann würde die Dringlichkeit einer dauerhaften Erwerbsposition zurückgehen.

Selbst ohne einen sicheren Arbeitsplatz kann man gut leben, wenn die Produktivität ist so hoch, dass auch zeitweilige Beschäftigung eine Bezahlung bieten, die hoch genug ist, um gut zu leben. Die Technologie, die die Arbeitsplätze wegnimmt, ist die gleiche, die Werkzeuge bietet, die die Lebenshaltungskosten senken und die Freizeit attraktiv machen.

Heutzutage arbeiten viele Paare, weil man zwei Einkommen braucht. Viele wären froh, nur einen Ernährer zu haben, wenn sie ihren Lebensstandard halten könnten. Der freie Kapitalismus würde solche Chancen bieten, weil Steuern und Abgaben auf ein Zehntel des derzeitigen Niveaus sinken würden und Güter weniger als die Hälfte ihrer gegenwärtigen Preise kosten würden, bei einem Einkommen, das um ein Vielfaches höher ist als heute.

Unser derzeitiges wirtschaftliches, politisches und rechtliches System ist schlecht auf die Herausforderungen der Zukunft vorbereitet. Das war auch vor über hundert Jahren zu Beginn des 20. Jahrhunderts der Fall. Damals wurden viele falsche Entscheidungen getroffen, bis ein System Gestalt annahm und akzeptiert wurde, das den technologischen Veränderungen und den wirtschaftlichen Veränderungen Rechnung tragen konnte. Jetzt aber tauchen neue Bedrängnisse auf, und sie machen das dominante sozialdemokratische System obsolet. Es wird Widerstand geben – so wie es von den Handwerkern und den Heimarbeitern zu Beginn der industriellen Revolution kam. Die Arbeiter befürchteten, mit der Einführung der neuen Maschinen würden sie ihre wirtschaftliche Existenz verlieren und zu Armut und Elend verurteilt werden. Aber sie hatten keine Chance. Und gut für sie – denn aufgrund der industriellen Revolution erlebte die Arbeiterklasse in den folgenden zwei Jahrhunderten ein Wohlstandsniveau in einer Höhe, wie das zu Beginn der industriellen Revolution undenkbar war. Protektionismus, Interventionismus, Imperialismus, Kommunismus und Faschismus waren die vielen falschen Antworten in der Vergangenheit.

Viele glauben jetzt, dass die sozialdemokratische Version des Kapitalismus das adäquate System für das neue Jahrtausend sein würde. Dies ist jedoch nicht der Fall. Es ist keine Übertreibung zu prognostizieren, dass, wenn wir mit der sozialdemokratischen Art und Weise fortfahren, das Ende ein Staatsbankrott wäre. Ernsthafte Analysen müssen zu dem Schluss kommen, dass der soziale Sicherungs- und Wohlfahrtskomplex von Gesundheit, Bildung, Renten und Sozialhilfe gescheitert ist. Das Rechtssystem ist in Trümmern. Ebenso ist die Erwartung illusorisch, dass das politische Management der Wirtschaft Arbeitsplätze, wirtschaftliches Wachstum und finanzielle Stabilität garantieren könnte.

Der Versuch, das gegenwärtige System beizubehalten, zu reformieren und zu erweitern, wird zum Gegenteil der sozialen Verheißungen führen. Ohne eine Änderung des Sozialversicherungssystems werden allein die Gesundheitskosten mehr als ein Viertel des Bruttoeinkommens absorbieren. Die Rentenabgaben würden ein weiteres Viertel des Einkommens erfordern. In einigen Jahrzehnten wäre der gewöhnliche Steuerzahler mit Pflichtbeiträgen konfrontiert werden, die die Hälfte des Einkommens übersteigen, um allein für soziale Sicherheit und Sozialleistungen aufzukommen. Neben diesen Beiträgen müsste die Regierung ein weiteres Drittel des Einkommens als Steuern für die Finanzierung der Verteidigung und der anderen Teile des Staatsapparates verlangen. Eine solche Belastung ist unmöglich zu tragen. Fast nichts wäre für den privaten Gebrauch übrig. Bevor diese Projektionen Wirklichkeit werden können, würde die Wirtschaft zusammenbrechen. Die Menschen würden sich weigern zu arbeiten und die Unternehmen würden aufhören zu investieren, die Nation würde Bankrott gehen.

Eine Wende einleiten

Junge Menschen können in den kommenden Jahrzehnten nicht mehr mit einem hohen Einkommen rechnen, nur weil sie ein Hochschuldiplom haben. Viele sichere Positionen in etablierten Berufen werden verschwinden oder werden extreme Veränderungen erfahren. Der gegenwärtige Horror vor Arbeitslosigkeit oder fehlender Arbeit kommt daher, dass man die hohen Kosten für Bildung, Gesundheitsversorgung, Wohnen, öffentliche Sicherheit und Ruhestand ohne hohes dauerhaftes Einkommen nicht tragen kann. Wir brauchen eine neue Ordnung. Reparaturen der vorhandenen Strukturen sind nicht genug. So wie es keinen Sinn hatte, die Pferdekutsche zu verbessern, um mit dem Automobil zu konkurrieren, ist es ein vergeblicher Versuch, das gegenwärtige politische System zu verbessern und das System der sozialen Sicherheit effektiver und die Wirtschaft effizienter zu machen.

Wir müssen eine Wende durchführen. Anstatt das gegenwärtige System sozialdemokratischer zu gestalten, brauchen wir eine libertäre Revolution. Anstatt den Kapitalismus sozialistischer zu machen, brauchen wir einen kapitalistischen Kapitalismus. Dieses Buch möchte zu dieser Revolution beitragen. Der freie Kapitalismus würde zusammen mit der drastischen Reduzierung des Staates und der Abschaffung der Politik die finanziellen Lasten beseitigen, die den modernen Bürger treffen.

Nicht staatliche Eingriffe in das Wirtschaftsleben führen zu Wohlstand und bessere Lebensqualität. Der neue Weg zum Wohlstand besteht im Rückzug des Staates und im Ende der Politik. Das neue Millennium wird jenen Gesellschaften angehören, die den Verwaltungsstaat aufgeben und sich von Staat und Politik frei machen.

Eine freie Wirtschaft in einer freien Gesellschaft erfordert drei große institutionelle Veränderungen:

erstens die Auswahl der repräsentativen Körperschaft der Gesellschaft durch einen Prozess der zufälligen Auswahl;

zweitens ein privates Geldsystem, um die Zentralbanken zu ersetzen;

drittens, die Bereitstellung von Recht und Sicherheit durch private Anbieter.

Um eine staatsfreie Wirtschaft und Gesellschaft zu erreichen, muss die Einsicht an erster Stelle stehen. Die Legitimation einer freien Gesellschaftsordnung kann nicht - wie bei allen anderen politischen Systemen - aus der Anwendung von Gewalt erwachsen, sondern bedarf als

Grundlage die freiwillige Mitarbeit der Menschen als spontane Ordnung. Das Ziel dieses Buches ist es, diese Einsicht zu fördern.

Der Versuch, einen "verbesserten Sozialismus" zu etablieren, wie es die Pläne für eine Weltregierung anstreben, wäre noch tödlicher als der Sozialismus des 20. Jahrhunderts. Aber auch die milderen Formen des Sozialismus und Faschismus, wie sie als Interventionismus praktiziert werden, sind keine gute Alternative. Ebenso ist es sinnlos zu erwarten, dass die Regierung die Wirtschaft führen und Stabilität und wirtschaftliches Wachstum gewährleisten kann, sodass jeder einen gutbezahlten, sicheren Job hat.

Was wir brauchen, ist eine neue politische und wirtschaftliche Ordnung, eine Ordnung, die den Kapitalismus nicht verwässert mit Sozialismus, aber ein Kapitalismus frei von seinen sozialistischen Beimengungen. Je mehr sich der Staat aus dem Privatleben zurückzog, desto weniger würde die Steuerlast werden.

Die gegenwärtigen Systeme der Gesundheitsversorgung, der Bildung, der Renten, der juristischen Dienstleistungen, des Wohnens und des Wohlergehens - ganz zu schweigen von der Verteidigung - sind nicht nur ineffizient, sondern auch sehr kostspielig. In diesen Bereichen bieten die neuen Technologien reichlich Alternativen, um die Kosten zu senken und gleichzeitig die Dienstleistungen zu verbessern. Die Politik abzuschaffen, würde die albernen Wahlkampagnen beenden. Eine Sortierung würde die politische Kultur von mehr Staatsausgaben stoppen.

Wenn wir mit dem gegenwärtigen System fortfahren, wird der Staat immer größer werden. Mit der wachsenden Größe des Staates werden Regierungen mächtiger werden. Ohne Stillstand wird sich das gegenwärtige sozialdemokratische System in einen neuen Totalitarismus verwandeln. Die große Debatte dreht sich nicht nur um Arbeitsplätze, sondern vor allem darum, wie wir die menschliche Freiheit angesichts der neuen Technologien aufrechterhalten können. Im neuen Jahrtausend ist das Ende des Staates eine notwendige Bedingung für die Freiheit. Wenn wir versagen, ist das Schicksal der Menschheit ein Zeitalter der Sklaverei. Wenn uns dies gelingt, können wir eine neue Ära der Freiheit und des Wohlstands begrüßen.

Ein freier Kapitalismus, eingebettet in eine freie soziale Ordnung ist das geeignete Wirtschaftssystem für das neue Jahrtausend. Der Kapitalismus wird nicht besser, wenn er dem Sozialismus ähnlicher wird. Um Wohlstand zu erlangen, muss der Kapitalismus kapitalistischer werden. Es gibt keine vernünftige Alternative zum freien Kapitalismus. Jene Nationen, die die libertäre Ordnung eines freien Kapitalismus ablehnen, werden zuerst stagnieren, dann vergehen und in Elend und Knechtschaft zerfallen, während jene Gemeinschaften, die den freien Kapitalismus begrüßen und fördern, Wohlstand in Freiheit genießen.

Geführt von den falschen Ideen, die die Medien verbreiten und die an Schulen und Universitäten Teil des Lehrplans sind, ist die Regierung ein Unterdrückungsapparat, der nicht nur die Freiheit immer mehr einschränkt, sondern auch den Wohlstand mindert. Die öffentliche Diskussion über das Wirtschaftswachstum ist voller Mythen, die die Öffentlichkeit als "Grenzen des Wachstums" anregen. Das Wachstum der Marktwirtschaft unterscheidet sich jedoch vom Wachstum der Natur. Wirtschaftswachstum bedeutet nicht mehr gleiche Güter, sondern neue Güter, eine erweiterte Produktvielfalt und weniger teure Güter. Wir essen, wenn wir wohlhabender werden, nicht doppelte Portionen, aber die Vielfalt des Essens und die Praktikabilität der Zubereitung von Speisen verbessert sich, je reicher wir werden. Nicht auf das Wachstum kommt es an, sondern auf die Produktivität, die mit dem Wirtschaftswachstum einhergeht. Die Basis der Bildung von Reichtum im Kapitalismus ist der technologische Fortschritt. Technologischer Fortschritt macht nicht nur die Dinge billiger, es kommt auch mit weniger Ressourcenverbrauch.

Es ist Zeit, die Mythen über Staat, Politik und Wirtschaft aufzugeben. Das moderne politische Parteiensystem ist weder demokratisch, noch fördert es die Bildung von Reichtum. Parlamente sind nicht repräsentativ für das Volk. Das derzeitige internationale Währungssystem fördert nicht den Wohlstand. Um aus diesen Konflikten herauszukommen, wird mehr Staat und mehr Politik nicht helfen.

Wir brauchen eine freie Gesellschaft und eine freie Wirtschaft. Ein entscheidender Schritt zur Erreichung dieses Ziels ist die Abschaffung politischer Wahlen. Moderne Technologie ermöglicht die Auswahl von Vertretern durch zufällige Auswahl. Eine legislative Versammlung, deren Mitglieder, auch wenn sie größer als die derzeitigen Parlamente sind, per Los ins Amt kommen, kostet weniger als das gegenwärtige System. Die Auswahl der Volksvertreter durch Los ist repräsentativer und in diesem Sinne viel demokratischer. Mit der begrenzten Dienstzeit würden die Vertreter in ihr bürgerliches Leben zurückkehren und ihre Gesetzgebung wäre frei von den Übeln, die mit dem gegenwärtigen politischen Parteiensystem und seinen Politikern einhergehen, deren Hauptziel der Karrierismus ist.

Antony P. Mueller

Zukunftsmodell Anarcho-Kapitalismus

Politik ist ein Hindernis für die Schaffung von Wohlstand. Unter dem politischen System der modernen Parteiendemokratie existiert nur eine gefälschte Art von Kapitalismus. Die Herrschaft der Parteiendemokratie untergräbt die freie Marktwirtschaft. Um zu einem hemmungslosen Kapitalismus zu gelangen und eine authentische Marktwirtschaft zu schaffen, muss die Politik abgeschafft werden. Je weniger Platz die Politik hat und je weniger staatliche Maßnahmen ergriffen werden, desto schneller wird ein freier Kapitalismus entstehen. Eine solche Veränderung ist notwendig geworden, weil wir ein Wirtschaftssystem mit der höchsten Produktivität brauchen.

Ein Schritt auf dem Weg zu einer freien Gesellschaft wäre, zuerst eine wahrhaft repräsentative Demokratie zu etablieren, indem wir zufällig die Delegierten des Volkes auswählen. Eine solche "aleatorische Demokratie", auch "Sortierung" genannt, würde die Voraussetzungen für eine neue Gesetzgebung schaffen, die über die besonderen Interessen einer auf Wahlen basierenden Demokratie hinausgeht. Eine Gruppe von zufällig ausgewählten nicht-politischen Gesetzgebern würde die Menschen repräsentieren. Die Verwendung von öffentlichen Geldern, um Stimmen zu kaufen und speziellen Interessengruppen zu dienen, um politische Karrieren zu fördern, würde verschwinden. Während die Logik des gegenwärtigen Systems der politischen Wahlen Regierungsausgaben und mehr Staatsschuld und -steuern bestätigt, würde ein zufällig ausgewähltes Parlament die Verwendung öffentlicher Gelder für den Kauf von Stimmen beenden. Die Rolle des Staates würde zusammen mit der Rolle der Politik abnehmen Schritt zum freien Kapitalismus wäre, die Zentralbank zu beenden und das staatliche monopolistische Monopol aufzuheben.

Ein privates Währungssystem würde den Handlungsspielraum des Staates einschränken. Die Abschaffung einer Zentralbank und die Einführung eines freien Geldsystems würden das Wachstum der Staatsschulden einschränken.

Das System der Führung durch die politischen Parteien erlaubt die Täuschung, nach der jeder Bürger durch die Großzügigkeit des Staates leben könnte, wenn nur die rechte Partei die Wahl gewinnen würde. Ein monetäres System würde diesen Betrug aufdecken. Unter Free Banking verliert der Staat sein Monopol über die Währung. Die Rolle der nationalen Währung als einziges "gesetzliches Zahlungsmittel" würde verschwinden.

Die libertäre Revolution besteht nicht in einem gewaltsamen Umbruch, sondern kommt durch Einsicht zustande. Eine solche Revolution erfordert einen experimentellen Ansatz. Der Sieg des Libertarismus erfordert keine Märtyrer. Ein freier Kapitalismus wird sich als das Wirtschaftssystem mit der höchsten Produktivität herausstellen, wenn die Fesseln des modernen Staates fallen werden.

Für einige mag der Wendepunkt zu einem echten Kapitalismus utopisch erscheinen. Dieser Einwand gilt jedoch für alle politischen Neuerungen. Die alten Griechen sprachen über Demokratie, aber sie konnten sich keine Gesellschaft ohne Sklaverei vorstellen. Die Römer hielten es für unmöglich, ohne Todesstrafe zu herrschen. Die Monarchie war den Menschen des Mittelalters heilig. So wie diese Überzeugungen der Vergangenheit verschwunden sind, werden die heutigen politischen Glaubensbekenntnisse, dass eine Gesellschaft politische Parteien, Staatsgelder, staatliche Verwaltung und ein öffentliches Monopol über die Anwendung von Gewalt benötigt, um Gerechtigkeit und Sicherheit zu garantieren, auch verschwinden.

Wir stehen an einer Kreuzung. Wie in den Jahrzehnten vor und nach 1800, als die industrielle Revolution ihren Anfang nahm, fielen die Nationen, die die Zeichen der Zeit nicht anerkannten, zurück. Die Länder, die die Industrialisierung verzögert oder verpasst haben, haben bis heute unseren Wohlstand verloren.

Heute steht die Welt vor einer ähnlichen Herausforderung. Auch hier müssen wir eine Entscheidung treffen und treffen. Diesmal geht es um mehr oder weniger Kapitalismus. Weniger Kapitalismus wird zum Sozialismus führen - ob man das will oder nicht - und damit zu dem Elend, das mit einem solchen Regime verbunden ist. Der richtige Weg für das 21. Jahrhundert ist die Entscheidung zugunsten des freien Kapitalismus.

Die Zukunft gehört jenen Ländern, die einen Kapitalismus frei von Staat und Politik pflegen. Der Triumph des realen Kapitalismus bringt Selbstbefreiung mit sich, nach der sich das Individuum selbst findet, sein eigenes wird und sich von den falschen Abhängigkeiten befreit und betrügerische Pflichten. Eine solche neue Ordnung kann nur durch freiwilliges Handeln entstehen, von dem sie ihre Legitimation ableitet.

Der Weg zum Anarcho-Kapitalismus kann schrittweise erfolgen. Er besteht darin, zu privatisieren. Angefangen von staatlichen Wirtschaftsbetrieben hin zu den Bereichen von Gesundheit, Erziehung und

Altersvorsorge. Privatisierung wird auch die Regierungsgeschäfte einschließen, indem spezialisierte Unternehmen - sogenannte *government management companies* - die Regierungsfunktionen ausüben.

Im System einer Demarchie würden die Vertreter des Volkes in der Generalversammlung die Gesetzgebung übernehmen und einen Sonderausschuss bestellen, der die das die Regierung leitende Unternehmen anstellt, entlässt und überwacht.

VERZEICHNIS DER TABELLEN UND SCHAUBILDER

WARUM DEM FREIEN KAPITALISMUS DIE ZUKUNFT GEHÖRT

Grundbausteine des modernen Kapitalismus
Langfristiger Börsentrend am Beispiel der USA
Kurs-Gewinn-Verhältnisse am US-amerikanischen Aktienmarket, 1870-2014
Triebkräfte des Kapitalismus
Funktion des Geldes im Güteraustausch
Tauschhandel scheitert an der Notwendigkeit der „doppelten Koinzidenz" der Bedürfnisse
Geldvermittelter Kauf und Verkauf erweitert den Handel
Wohlstandspyramide
Persönliches Wohlbefinden und Einkommenshöhe
Anteil der Weltbevölkerung in extremer Armut seit 1820
Verbreitung der Druckerpresse
Präferenz-Rangfolge und Nutzen
Der Marktprozess
Preisbildung
Wettbewerbsprozess
Verbreitung von Gebrauchsgütern seit 1900
Verteilung des Welteinkommens 1820, 1970 und 2000
Kennzeichen des modernen Kapitalismus
Wirtschaftliche Freiheit und Einkommenshöhe

WARUM WIRTSCHAFTSWACHSTUM GUT IST
Parasitäre Wirtschaft
Bevölkerungsfalle
Produktion und Einkommen seit Christi Geburt
Armutsfalle und Reichtums-Zyklus

Fundamente des wirtschaftlichen Wachstums
Bestimmungsgründe des Zinssatzes
Relation zwischen Konsum, Sparen und Zeitpräferenz
Produktionsstufen
Produktivitätswachstum Deutschland seit 1970
Jahresraten und Trend

WARUM DER WELTHANDEL ZU WOHLSTAND FÜHRT
Effekte der Markterweiterung
Komponenten der Zahlungsbilanz
Marshallplan – Finanzleistungen
Wechselkurse zum 18. September 1949
Umgkehrte Gold-Dollar-Pyramide des Bretton Woods-Systems
Wechselkursentwicklung ausgewählter Länder 1950-1980
Relative Anteile an den internationalen Währungsreserven seit 1995
Zusammensetzung des Währungskorbes der Sonderziehungsrechte
Determinanten des Wechselkurses
Goldstandardmechanismus
Triffin Trilemma
Prozess der „importierten Inflation" im Festkurssystem von Bretton Woods
Etappen der Europäischen Währungsunion
USA Nettovermögensposition
US-Bundesschulden in der Hand von ausländischen und internationalen Investoren
Europäische Zentralbank (EZB). Bilanzsumme 1999-2018 (in Mio. Euros)

KAPITALISMUS OHNE WENN UND ABER

Antony P. Mueller

Kommentiertes Quellenverzeichnis

Ludwig von Mises (1881-1973) ist der Klassiker des modernen Wirtschaftsliberalismus. Seine Hauptwerke sind ursprünglich auf Deutsch erschienen. Viele Hinweise auf alte und neue Ausgaben finden sich auf der Website des Ludwig von Mises Institut Deutschland www.misesde.org. Das amerikanische Mises Institut www.mises.org bietet auf seiner Website alle Werke von Ludwig von Mises in englischer Übersetzung und zum Teil auf Deutsch zum kostenlosen Herunterladen an. Darüber hinaus findet sich dort fast die gesamte Literatur zur „Österreichischen Schule" der Nationalökonomie und zum Libertarianismus https://mises.org/library. Das Ludwig von Mises Institut USA hält auch jedes Jahr eine Konferenz ab, in der die neuesten Beiträge aus Sicht dieser Schule zu Politik, Staat, Wirtschaft und Kultur zur Sprache kommen. Von Guido Hülsmann stammt eine umfassende Biografie Ludwig von Mises. Vom selben Autor zusammen mit Thorsten Polleit und Phillip Bagus gibt es eine deutsche Kurzfassung: „*Ludwig von Mises: Leben und Werk für Einsteiger*": Unbedingt empfehlenswert ist Mises' erstmals 1920 erschienene Analyse des Sozialismus: „*Die Wirtschaftsrechnung im sozialistischen Gemeinwesen*" und außerdem die hervorragende Darstellung des „Liberalismus".

Murray N. Rothbard (1926-1995) war der bedeutendste Schüler und Mitarbeiter von Ludwig von Mises, als dieser nach seiner Übersiedelung in die USA an der New York University von 1945 bis 1969 seine wöchentlichen Seminare hielt. Sämtliche Schriften Rothbards sind beim amerikanischen Ludwig von Mises Institute kostenfrei zugänglich https://mises.org/search/site/Rothbard.
Zu den Hauptwerken von Murray Rothbard zählen:
- *Man, Economy and State*
- *The Ethics of Liberty*
- *America's Great Depression*
- *An Austrian Perspective on the History of Economic Thought*

Auf Deutsch gibt es:
Die Ethik der Freiheit
Für eine neue Freiheit – 2 Bände
Das Schein-Geld-System: Wie der Staat unser Geld zerstört

Hans-Hermann Hoppe (1949*) steht in direkter Nachfolge der Denkrichtung von Mises und Rothbard. Von Hoppe gibt es u.a. auf Deutsch:
- *Demokratie. Der Gott, der keiner ist*
- *Ökonomik als Wissenschaft und die Methode der Österreichischen Schule*

- *Eigentum, Anarchie und Staat: Studien zur Theorie des Kapitalismus*
- *Eine kurze Geschichte der Menschheit. Fortschritt und Niedergang*
- *Der Wettbewerb der Gauner. Über das Unwesen der Demokratie und den Ausweg in die Privatrechtsgesellschaft*

Friedrich August von Hayek zählt neben Ludwig von Mises zu den modernen Klassikern der Österreichischen Schule. Hayek erhielt 1974 den Nobelpreis in Wirtschaftswissenschaften für seine Beiträge zur Konjunkturtheorie. Berühmt geworden ist Hayek allerdings durch seinen Bestseller aus dem Jahre 1944
- *Der Weg zur Knechtschaft*

Zu den unverzichtbaren Beiträgen Hayeks zählen die beiden Aufsätze:
- „*Der Wettbewerb als Entdeckungsverfahren*" (1968 auf Deutsch bei den „Kieler Vorträgen N.F." erschienen). Auf Englisch ist der Text als freier Download beim Mises Institut USA zugänglich:)
- *The Use of Knowledge in Society* (zuerst 1945 in der American Economic Review erschienen):

Auf Deutsch gibt es weiterhin von Hayek u.a.:
- *Die Verfassung der Freiheit*
- *Ökonomischer Individualismus und freiheitliche Verfassung*

Carl Menger ist der Begründer der Österreichischen Schule der Nationalökonomie. Sein Werk stellt bis heute den Grundstock dar, um sich mit der österreichischen Schulde vertraut zu machen. Trotz des sehr akademischen Titels ist Mengers Hauptwerk „Grundsätze der Volkswirtschaftslehre" aus dem Jahre 1871 auch für den heutigen Leser leicht zugänglich und bietet eine faszinierende Lektüre:

Carl Menger: „*Grundsätze der Volkswirthschaftslehre*" (online auf Deutsch beim Mises Institute USA zum freien Download:

Gustave de Molinari (1819-1912) wurde in Liège geboren und zählt zu den frühesten „Anarcho-Kapitalisten" oder „Markt-Anarchisten". Sein Essay „*Die Produktion von Sicherheit*" (1849) legt dar, wie die staatliche Produktion von öffentlicher Sicherheit mittels des Marktes in eine private Produktion von Sicherheit umgewandelt werden kann.

In *Die Soireen in der Rue St. Lazare* (1849) erklärt de Molinari wie ein freier Markt für das Justizwesen und für die innere und äußere Sicherheit vorteilhaft für die Gesellschaft funktionieren kann.

Frédéric Bastiat (1801-1850) wurde in Bayonne, Frankreich, geboren und war im Verlaufe seiner Karriere als Geschäftsmann, Richter und Abgeordneter tätig sowie ein führendes Mitglied der französischen Freihandelsbewegung. Von seinen zahlreichen Hauptschriften liegen auf Deutsch vor
„*Der Staat*" (1848):
„*Das Gesetz*" (1850):

Sein Essay „Was man sieht und was man nicht sieht" (1850) ist eine beißende Kritik am Keynesianismus vor Keynes

Joseph Alois Schumpeter (1883-1950) zählt zwar nicht zum engeren Kreis der „Österreichischen Schule", hat aber wichtige Beiträge zum Verständnis von Wirtschaft und Politik geliefert, die durchaus im Sinne der Österreichischen Schule Wirtschaft zu versehen sind:
- *Theorie der wirtschaftlichen Entwicklung* (Erstausgabe 1911:
- *Kapitalismus, Sozialismus und Demokratie*

Walter Eucken (1891-1950) ist der maßgebliche Begründer des Ordoliberalismus, dessen theoretischen Grundlagen sowie die zentralen Grundthesen aus Beiträgen der Österreichischen Schule kommen. Seine „Grundsätze der Wirtschaftspolitik" (1952) verdienen weiterhin ein gründliches Studium.

Israel Kirzner (1930* -) hat gemäß der Tradition der Österreichischen Schule wichtige Beiträge zur Rolle des Unternehmers im Marktprozess geliefert. Von seinen vielen Arbeiten liegen auf Deutsch vor „*Wettbewerb und Unternehmertum*". Mohr Siebeck, Tübingen: 1978

Ralph Raico (1936-2016) ist ein libertär-revisionistischer Historiker, der dem Leser die Augen öffnet. Unverzichtbar für jeden, der die Geschichte des 20. Jahrhunderts verstehen will, ist: *Great Wars and Great Leaders: A Libertarian Rebuttal.* Auburn, Ala.: The Ludwig von Mises Institute 2010

Deirdre McCloskey (1942-) bietet mit ihrer Serie zum Aufstieg des Kapitalismus als System der Schaffung von Wohlstand durch Innovation ein eindrucksvolles Panorama des geistigen Umbruchs, der dem modernen Kapitalismus zugrunde liegt: „Bourgeois Virtues" (2006), „Bourgeoise Dignity" (2010), „Bourgeoise Equality" (2016)

Hans Rosling (1948-2017) ist unverzichtbar, wenn es um die Datenlage geht. Seine Zahlreiche seiner Präsentationen finden sich auf Youtube

Der **Oeconimus Verlag** bietet eine laufend sich erweiternde Sammlung von klassischen Beiträgen zur freiheitlichen Wirtschafts- und Gesellschaftsordnung

Das Ludwig von Mises Institut Deutschland und das Mises-Institut Österreich veröffentlichen neben aktuellen Beiträgen eine Fülle an weiterführender Literatur.

Neuere deutschsprachige Literatur zum Thema Freiheit und Kapitalismus

Vor wenigen Jahren noch gab es nur wenige aktuell erschienene Bücher im deutschen Sprachraum mit einer befürwortenden Darstellung des Kapitalismus. Das hat sich nun geändert. Inzwischen gibt es eine Reihe ausgezeichneter Bücher von deutschsprachigen Autoren, die aufzeigen, wie eine freie Marktwirtschaft uns aus dem Schlamassel retten kann, die eine seit Jahrzehnten praktizierte sozialistisch inspirierter Interventionspolitik angerichtet hat.

„Freiheit oder Untergang: Warum Europa jetzt vor der Entscheidung steht" von Markus Krall. Langen-Müller 2021

„Vom Verlust der Freiheit: Klimakrise, Migrationskrise, Coronakrise". von Raymond Unger. Europa Verlag 2021

Der Kompass zum lebendigen Leben" von Andreas Tiedtke. FinanzBuch Verlag 2021

„Die Krise hält sich nicht an Regeln: 99 Antworten auf die wichtigsten Fragen nach dem Corona-Crash" von Max Otte. FinanzBuch Verlag 2021

„Der Antikapitalist: Ein Weltverbesserer der keiner ist" von Thorsten Polleit. FinanzBuch Verlag 2020

„Mit Geld zur Weltherrschaft: Warum unser Geld uns in einen dystopischen Weltstaat führt – und wie wir mit besserem Geld eine bessere Welt schaffen können" von Thorsten Polleit. FinanzBuch Verlag 2020

"Über den demokratischen Untergang und die Wege aus der Ausweglosigkeit: Reden, Aufsätze und Interviews wider den links-grünen Zeitgeist" von Kurt Kowalsky und Hans-Hermann Hoppe. Holzinger 2020

"Die Bürgerliche Revolution" von Markus Krall. Müller-Langen 2020

„Wohin treibt unsere Republik?: Wie Deutschland links und grün wurde" von Rainer Zitelmann. BoD 2020

„Kapitalismus ist nicht das Problem, sondern die Lösung: Eine Zeitreise durch 5 Kontinente" von Rainer Zitelmann. FinanzBuch Verlag 2018

„Warum andere auf Ihre Kosten immer reicher werden: . . . und welche Rolle der Staat und unser Papiergeld dabei spielen" von Andreas Marquart und Philipp Bagus. FinanzBuch Verlag 2014

„Wir schaffen das - alleine!" von Andreas Marquart und Philipp Bagus. FinanzBuch Verlag 2017

„Crashkurs Geld: Wie Sie vermeintliche Experten und Besserwisser aus dem Konzept bringen und die Hintergründe verstehen" von Andreas Marquart. FinanzBuch Verlag 2019

„Die Ordnung der Freiheit und ihre Feinde: Vom Aufstand der Verlassenen gegen die Herrschaft der Eliten" von Thomas Mayer. FinanzBuch Verlag (2018)

„Das libertäre Manifest: Zur Neubestimmung der Klassentheorie" von Stefan Blankertz. BoD 2015

"Freie Privatstädte: Mehr Wettbewerb im wichtigsten Markt der Welt" von Titus Gebel. Aquila Urbis Verlag 2018

„Sicher ohne Staat: Wie eine natürliche Rechtsordnung ohne Gewaltmonopol funktioniert" von Oliver Janich. Indie 2017

„Freiheit in Deutschland: Geschichte und Gegenwart" von Gerd Habermann. Olzog Verlag 2020

„Der Wettbewerb der Gauner: Über das Unwesen der Demokratie und den Ausweg in die Privatrechtsgesellschaft" von Hans-Hermann Hoppe. Holzinger 2012

„Eine kurze Geschichte der Menschheit: Fortschritt und Niedergang" von Hans-Hermann Hoppe. 2016 Lichtschlag Medien

"Demokratie. Der Gott, der keiner ist" von Hans-Hermann Hoppe. Manuscriptum 2003

„Alles, was Sie über die Österreichische Schule der Nationalökonomie wissen müssen: Eine Einführung in die Austrian Economics" von Rahim Taghizadegan. FinanzBuch Verlag 2016

„Krise der Inflationskultur: Geld, Finanzen Und Staat In Zeiten Der Kollektiven Korruption" von Guido Hülsmann. FinanzBuch Verlag 2013

„Ethik der Geldproduktion" von Guido Hülsmann. Manuscriptum 2007

„Staatliche Regulierung: Wie viel und überhaupt?" von Pierre Bessard und Olivier Kessler. Edition Liberales Institut 2018

„Europäische Union und Währungsunion in der Dauerkrise: Analysen und Konzepte für einen Neuanfang" von Dirk Meyer. Springer 2019

„Explosive Geldpolitik" von Pierre Bessard und Olivier Kessler. Liberales Institut 2019

„Japans Banken in der Krise: Folgen von 30 Jahren Niedrigzinspolitik" von Gunther Schnabl. Springer 2020

„Die Nullzinsfalle: Wie die Wirtschaft zombifiziert und die Gesellschaft gespalten wird" von Ronald Stöferle und Rahim Taghizadegan. FinanzBuch Verlag 2019

„Freiheitskeime 2015: ein libertäres Lesebuch" von Henning Lindhoff. Create Space 2014

"Schluss mit Demokratie und Pöbelherrschaft!: Über die Illusion der Mitbestimmung" von Andreas Tögel Lichtschlag 2015

"Freiheitsliebe: Ein Querdenker-ABC" von Michael von Prollius. BoD 2017

"Mehr Freiheitsliebe: Ein weiteres Querdenker-ABC" von Michael von Prollius. BoD 2019

„Freiheit in Geschichte und Gegenwart: Festschrift für Gerd Habermann" herausgeben von Hardy Bouillon und Carlos A. Gebauer. Olzog 2020

„Das kalte Herz: Kapitalismus: die Geschichte einer andauernden Revolution" von Werner Plumpe. Rowohlt 2019

„Und die Freiheit?: Wie die Corona-Politik und der Missbrauch der Wissenschaft unsere offene Gesellschaft bedrohen" von Christoph Lütge und Michael Esfeld. Riva 2021

„Neue Zeit. Neue Verantwortung.: Demokratie und Soziale Marktwirtschaft im 21. Jahrhundert". Friedrich Merz. Econ 2020

Zur spannenden Entspannung hier zwei sehr lesenswerte libertär inspirierte Romane von Monika Haussamann, die unter dem Namen Frank Jordan publiziert:

Ares. Kein Fall für Carl Brun (2020)

Das Attentat. Kein Fall für Carl Brun (2019)

Ergänzend seien noch zwei Bücher hinzugefügt, die die deutsche Lage nach 16 Jahren Merkel-Herrschaft zum Thema haben.
ABHÄNGIG BESCHÄFTIGT: Wie Deutschlands führende Politiker im Interesse der wirklich Mächtigen handeln. Thomas Röper. J. K. Fischer 2021

Machtverfall: Merkels Ende und das Drama der deutschen Politik: Ein Report. Robin Alexander. 2021. Siedler Verlag

Weiterführende Literatur

Achen, Christopher H. and Larry M. Bartels: Democracy for Realists: Why Elections Do Not Produce Responsive Government (Princeton Studies in Political Behavior) Princeton University Press 2017

Antonopoulos, Andreas M.: The Internet of Money. Merkle Bloom LLC. 2016

Applebaum, Anne: Gulag. A History. Anchor Books. 2004

Applebaum, Anne: Red Famine: Stalin's War on the Ukraine. Doubleday. 2017

Ashford, Nigel and Stephen Davis (eds.): A Dictionary of Conservative and Libertarian Thought (Routledge Revivals). Routledge. 2012

Bagus, Philipp: In Defense of Deflation (Financial and Monetary Policy Studies). Springer 2014

Bagus, Phillipp and Andreas Marquart: Blind Robbery!: How the Fed, Banks and Government Steal Our Money. FinanzBuch Verlag. 2016

Baldwin, Richard: The Great Convergence: Information Technology and the New Globalization. Belknap Press. 2016

Banerjee, Abhijit, and Esther Duflo: Poor Economics: A Radical Rethinking of the Way to Fight Global Poverty. Public Affairs. 2012

Barnett, Anthony: The Athenian Option: Radical Reform for the House of Lords (Sortition and Public Policy Book 5). Imprint Academic. 2017

Barrat, James: Our Final Invention: Artificial Intelligence and the End of the Human Era. St Martin's Griffin. 2015

Belke, Ansgar and Thorsten Polleit: Monetary Economics in Globalised Financial Markets. Springer. 2009

Belloc, Hilaire: The Servile State. T. N. Foulis 1912

Benda, Julien: The Treason of the Intellectuals. Routledge. 2006

Benson, Bruce L: The Enterprise of Law: Justice Without the State. Independent Institute. 2011

Birner, Jack and Pierre Garrouste (eds): Markets, Information and Communication: Austrian Perspectives on the Internet Economy (Routledge Foundations of the Market Economy). Routledge. 2003

Block, Walter: Defending the Undefendable. Ludwig von Mises Institute. 2008

Block, Walter: The Privatization of Roads and Highways: Human and Economic Factors. CreateSpace Independent Publishing Platform. 2012

Block, Walter: Toward a Libertarian Society. Ludwig von Mises Institute. 2014

Boaz, David (ed.). The Libertarian Reader: Classic & Contemporary Writings from Lao-Tzu to Milton Friedman. Simon & Schuster 2015

Boaz, David: The Libertarian Mind. A Manifesto for Freedom. Simon & Schuster. 2015

Boehm-Bawerk, Eugen von: Karl Marx and the Close of His System: A Criticism (Classic Reprint). Forgotten Books. 2012

Boehm-Bawerk, Eugen von: Positive Theory of Capital. Ludwig von Mises Institute. 2007

Bostroum, Nick: Superintelligence: Paths, Dangers, Strategies. Oxford University Press 2016

Boetie, Etienne de la: The Politics of Obedience: The Discourse of Voluntary Servitude. With an Introduction by Murray Rothbard. Ludwig von Mises Insitute. 2015

Boettke, Peter J.: Living Economics: Yesterday, Today, and Tomorrow (Independent Studies in Political Economy). Independent Institute. 2012

Boettke, Peter J.: Calculation and Coordination: Essays on Socialism and Transitional Political Economy (Routledge Foundations of the Market Economy). Routledge 2001

Boettke, Peter J.: The Oxford Handbook of Austrian Economics (Oxford Handbooks). Oxford University Press. 2015

Boettke, Peter J.: The Political Economy of Soviet Socialism: the Formative Years, 1918-1928. 1990th Edition. Springer 1990

Boldrin, Michele and David K. Levine. Against Intellectual Monopoly. Cambridge University Press. 2010

Bourdieu, Pierre: On the State: Lectures at the College de France, 1989 - 1992. Polity 2015

Bouricius, Terry: (S)election: Sortition, the democratic alternative (Fomite Interrogations: A Series of Tracts for Our Time) (Volume 6). Fomite Publishers 2017

Boyes, William J.: Managerial Economics: Markets and the Firm (Upper Level Economics Titles). South-Western College Publications. 2011

Brafman, Ori and Rod A. Becksstrom: The Starfish and the Spider: The Unstoppable Power of Leaderless Organizations. Portfolio. 2008

Brafman, Ori and Rod A. Becksstrom: The Starfish and the Spider: The Unstoppable Power of Leaderless Organizations. Portfolio. 2008

Brackins, Daniel Alexander: Private Property, the Law, and the State. CreateSpace Independent Publishing Platform. 2017

Braun, Eduard: Finance behind the Veil of Money. CreateSpace Independent Publishing Platform. 2016

Brennan, Jason: Against Democracy. Princeton University Press. 2016

Brick, Howard: Transcending Capitalism: Visions of a New Society in Modern American Thought. Cornell University Press. 2016

Brynjolfsson, Eric and Andrew McAfee: The Second Machine Age: Work, Progress, and Prosperity in a Time of Brilliant Technologies. W. W. Norton & Company. 2016

Buchanan, James and Richard Wagner: Democracy in Deficit. The Legacy of Lord Keynes. Emerald Group Publishing. 1977

Burnheim, John: The Demarchy Manifesto. For Better Public Policy (Societas). Imprint Academic 2016

Burnheim, John: Is Democracy Possible? The Alternative to Electoral Politics. University of California Press. 1985

Burnheim, John: The Demarchy Manifesto: For Better Public Policy (Societas). Imprint Academic. 2016

Bylund, Per L.: The Problem of Production: A new theory of the firm. Routledge 2015

Cachanosky, Nicolas: Monetary Equilibrium and Nominal Income Targeting (Routledge International Studies in Money and Banking). Routledge. 2018

Caplan, Bryan: The Case against Education: Why the Education System Is a Waste of Time and Money. Princeton University Press. 2018

Caplan, Bryan: The Myth of the Rational Voter: Why Democracies Choose Bad Policies. Princeton University Press. 2008

Chafuen, Alejandro A.: Faith and Liberty: The Economic Thought of the Late Scholastics (Studies in Ethics and Economics). Lexington Books. 2003

Christinsen, Clayton M.: The Innovator's Dilemma: When New Technologies Cause Great Firms to Fail (Management of Innovation and Change). Harvard Business Review Press. 2016

Clark, Gregory: A Farewell to Alms: A Brief Economic History of the World (The Princeton Economic History of the Western World). Princeton University Press. 2009

Cogan, John F.: The High Cost of Good Intentions: A History of U.S. Federal Entitlement Programs. Princeton University Press. 2017

Conquest, Robert: The Great Terror: A Reassessment 40th anniversary Edition. Oxford University Press. 2007

Conquest, Robert: The Harvest of Sorrow: Soviet Collectivization and the Terror-Famine. Oxford University Press; Reprint edition. 1987

Cowen, Tyler and Alex Tabarrok: Modern Principles of Economics. Worth Publishers. 2014

Cowen, Tyler: Average Is Over: Powering America Beyond the Age of the Great Stagnation. Plume. 2014

Cowen, Tyler: The Great Stagnation: How America Ate All the Low-Hanging Fruit of Modern History, Got Sick, and Will (Eventually) Feel Better. Dutton 2011

Coyne, Christopher J. and Abigail R. Hall: Tyranny Comes Home: The Domestic Fate of U.S. Militarism. Stanford University Press. 2018

Cwick, Paul F.: An Investigation of Inverted Yield Curves and Economic Downturns. Ludwig von Mises Institute.

Dahlen, Michael: Ending Big Government: The Essential Case for Capitalism and Freedom. Mill City Press. 2016

Dalrymple, Theodore: Nothing but Wickedness: The Origins of the Decline of Our Culture. Gibson Square Books. 2018

Davidson, James Dale and William Rees-Mogg: The Sovereign Individual: Mastering the Transition to the Information Age. Touchstone. 1999

Delannoi, Gil and Oliver Dowlen (eds.): Sortition: Theory and Practice (Sortition and Public Policy). Imprint Academic. 2010

Deneen, Patrick J.: Why Liberalism Failed (Politics and Culture). Yale University Press. 2018

Diamandis, Peter H. and Steven Kotler: Abundance: The Future Is Better Than You Think. Free Press. Reprint edition. 2014

Di Iorio, Francesco: Cognitive Autonomy and Methodological Individualism: The Interpretative Foundations of Social Life (Studies in Applied Philosophy, Epistemology and Rational Ethics). Springer 2015

Dilorenzo Thomas J.: How Capitalism Saved America: The Untold History of Our Country, from the Pilgrims to the Present. Crown Forum. 2005

Dilorenzo, Thomas: The Problem with Socialism. Regnery Publishing. 2016

Doherty, Brian: Radicals for Capitalism: A Freewheeling History of the Modern American Libertarian Movement. Public Affairs. 2008

Dorn, James A. (ed.): Monetary Alternatives: Rethinking Government Fiat Money. Cato Institute 2017

Dorn, James A., Steve H. Hanke and Alan A. Sir Walters (eds.); The Revolution in Development Economics. Cato Institute. 1998

Dowlen, Oliver: The Political Potenzial of Sortition: A study of the random selection of citizens for public office (Sortition and Public Policy). Imprint Academic 2009

Drochon, Hugo: Nietzsche's Great Politics. Princeton University Press. 2016

Drucker, Peter: Innovation and Entrepreneurship. HarperBusiness. 2006

Easterbrook, Gregg: It's Better Than It Looks: Reasons for Optimism in an Age of Fear. PublicAffairs. 2018

Easterly, William R.: The Elusive Quest for Growth: Economists' Adventures and Misadventures in the Tropics. The MIT Press. 2002

Easterly, William: The White Man's Burden: Why the West's Efforts to Aid the Rest Have Done So Much Ill and So Little Good. Penguin. 2007

Easterly, William R.: The Tyranny of Experts: Economists, Dictators, and the Forgotten Rights of the Poor. Basic Books. 2015

Ebeling, Richard and Jacob G. Hornberger: The Failure of America's Foreign Wars. Future of Freedom Foundation. 1996

Ebeling, Richard M.: Monetary Central Planning and the State. The Future of Freedom Foundation. 2015

Emerson, Ralph Waldo: The Essential Writings of Ralph Waldo Emerson (Modern Library Classics). Modern Library. 2000

Eire, N. N. Carlos: Reformations: The Early Modern World, 1450-1650. Yale University Press. 2016

Eucken, Walter: The Foundations of Economics: History and Theory in the Analysis of Economic Reality. Springer. 2011

Eusepi, Guiseppe and Richard E. Wagner: Public Debt: An Illusion of Democratic Political Economy (New Thinking in Political Economy series). Edward Elgar Publications. 2017

Erhard, Ludwig: Prosperity Through Competition. Praeger. 1958

Ertel, Wolfgang: Introduction to Artificial Intelligence (Undergraduate Topics in Computer Science). Springer 2018

Evans, Anthony J.: Markets for Managers: A Managerial Economics Primer (The Wiley Finance Series). Wiley. 2014

Evans, Michelle and Augusto Zimmermann(eds.): Global Perspectives on Subsidiarity (Ius Gentium: Comparative Perspectives on Law and Justice). Springer 2014

Evans, Stanton M.: Stalin's Secret Agents: The Subversion of Roosevelt's Government. Threshold Editions. 2013

Ebeling, Richard: Austrian Economics and Public Policy. Restoring Freedom and Prosperity. The Future of Freedom Foundation. 2016

Ferguson, Niall: The Square and the Tower: Networks and Power, from the Freemasons to Facebook. Penguin Press. 2018

Ferguson, Niall: Civilization: The West and the Rest. Penguin Books. 2012

Fareed, Zakaria: The Future of Freedom: Illiberal Democracy at Home and Abroad (Revised Edition). W. W. Norton & Company. 2007

Feyerabend, Paul: Against Method. Verso. 2010

Folsom, Burton W.: The Myth of the Robber Barons: A New Look at the Rise of Big Business in America. Young America Foundation. 1991

Ford, Martin: The Rise of the Robots: Technology and the Threat of a Jobless Future. Basic Book. Reprint edition. 2015

Foss, Nikolai J. and Peter Klein (eds.): Entrepreneurship and the Firm: Austrian Perspectives on Economic Organization. Edward Elgar Publishing. 2002

Frank, Malcolm, Paul Roehrig, Ben Pring: What To Do When Machines Do Everything: How to Get Ahead in a World of AI, Algorithms, Bots, and Big Data. Wiley 2017

Friedman, David D.: The Machinery of Freedom: Guide to Radical Capitalism. CreateSpace Independent Publishing Platform; third edition. 2015

Friedman, Milton and Anna Jacobson Schwartz: A Monetary History of the United States, 1867-1960. Princeton University Press. 1971

Friedman, Milton: Capitalism and Freedom. Fortieth Anniversary Edition. University of Chicago Press. 2002

Fukuyama, Francis: The Origins of Political Order: From Prehuman Times to the French Revolution. Farrar, Straus and Giroux. 2012

Garrison, Roger: Time and Money: The Macroeconomics of Capital Structure (Routledge Foundations of the Market Economy) New Edition. Routledge 2007

Gatto, John Taylor: The Underground History of American Education, Volume I: An Intimate Investigation Into the Prison of Modern Schooling. Valor Academy 2017

Guerin, Daniel (ed.): No Gods No Masters: An Anthology of Anarchism. AK Press 2005

Giddens, Anthony: The Third Way: The Renewal of Social Democracy. Polity Press. 1999

Giddens, Anthony: *Capitalism and Modern Social Theory: An Analysis of the Writings of Marx, Durkheim and Max Weber*. Cambridge University Press. 1973

Goodwin, Barbara: *Justice by Lottery* (Sortition and Public Policy). Imprint Academic 2005

Gordon, Robert J. : *The Rise and Fall of American Growth: The U.S. Standard of Living since the Civil War* (The Princeton Economic History of the Western World). Princeton University Press 2017

Gordon, David: *An Austro-Libertarian View: Current Affairs, Foreign Policy, American History, European History (Essays by David Gordon)*. 3 vols. The Ludwig von Mises Institute. 2017

Granovetter, Marc: *Society and Economy: Framework and Principles*. Belknap Press: An Imprint of Harvard University Press. 2017

Grant, James: *The Forgotten Depression: 1921: The Crash That Cured Itself*. Simon & Schuster. 2014

Halberstam, Davin: *The Best and the Brightest*. Modern Library. 2002

Harford, Tim: *Fifty Inventions that Shaped the Modern Economy*. Riverhead Books. 2017

Harris, Fred and Alan Curtis (eds.): Healing *Our Divided Society: Investing in America Fifty Years after the Kerner Report*. Temple University Press. 2018

Haskel, Jonathan and Stian Westlake: *Capitalism without Capital: The Rise of the Intangible*. Princeton University Press. 2017

Hathaway, Oona A. and Scott J. Shapiro: *The Internationalists: How a Radical Plan to Outlaw War Remade the World*. Simon & Schuster. 2017

Hayek, Friedrich A. von: *Individualism and Economic Order*. University of Chicago Press. 1996

Hayek, Friedrich A. von: *The Constitution of Liberty*: The Definitive Edition (The Collected Works of F. A. Hayek). University of Chicago Press. 2011

Hayek, Friedrich A. von: *The Road to Serfdom: Text and Documents* -The Definitive Edition (The Collected Works of F. A. Hayek, Volume 2). University of Chicago Press. 2007

Hayek, Friedrich A.: *Denationalisation of Money. The Argument Refined*. CreateSpace Independent Publishing Platform. 2014

Hazlitt, Henry: *Economics in One Lesson: The Shortest and Surest Way to Understand Basic Economics*. Crown Business. 1988

Hazlitt, Henry: *The Failure of the New Economics*. Martino Fine Books. 2016

Heidegger, Martin: *The Question Concerning Technology, and Other Essays* (Harper Perennial Modern Thought). Harper Perennial Modern Classics; Reissue edition. 2013

Hennig, Brett: *The End of Politicians: Time for a Real Democracy*. Unbound Digital. 2017

Herbener, Jeffrey M. : *Pure Time-Preference Theory of Interest*. Ludwig von Mises Institute. 2011

Hess, Karl: *The Death of Politics*. The Ludwig von Mises Institute 2009

Hess, Karl: Capitalism for Kids. Growing-up to be your own boss. Bluestocking 2005

Heyne, Paul L., Peter J. Boettke, and David L. Prychito: The Economic Way of Thinking. Pearson Series in Economics. 2013

Hicks, Stephen, R. C.: Explaining Postmodernism: Skepticism and Socialism from Rousseau to Foucault (Expanded Edition). Ockham's Razor Publishers. 2011

Higgs, Robert: Against Leviathan: Government Power and a Free Society (Independent Studies in Political Economy). Independent Institute. 2004

Higgs, Robert: Crisis and Leviathan: Critical Episodes in the Growth of American Government, 25th Anniversary Edition (Independent Studies in Political Economy). Independent Institute; Anniversary edition. 2013

Higgs, Robert: Depression, War, and Cold War: Studies in Political Economy. Oxford University Press. 2006

Higgs, Robert: Taking a Stand: Reflections on Life, Liberty, and the Economy. Independent Institute. 2015

Hirschman, Albert O.: The Passions and the Interests. Political Arguments before its Triumph (Princeton Classics). Princeton University. 2013

Hirschmann, Albert O.: Exit, Voice, and Loyalty: Responses to Decline in Firms, Organizations, and States. Harvard University Press 1970

Holcombe, Randall G.: Advanced Introduction to Public Choice (Elgar Advanced Introductions series). Edward Elgar Publishers. 2016

Holcombe, Randall G.: Advanced Introduction to the Austrian School of Economics (Elgar Advanced Introductions series). Edgar Elgar Publishers. 2014

Holcombe, Randall G.: Producing Prosperity: An Inquiry into the Operation of the Market Process (Routledge Foundations of the Market Economy). Routledge 2015

Holcombe, Randall G.: Entrepreneurship and Economic Progress (Routledge Foundations of the Market Economy). Routledge 2006

Hoppe, Hans-Hermann: A Short History of Man: Progress and Decline. Ludwig von Mises Institute 2015

Hoppe, Hans-Hermann: A Theory of Socialism and Capitalism. Ludwig von Mises Institute. 2003

Hoppe, Hans-Hermann: Democracy. The God that Failed: Economics and Politics of Monarchy, Democracy and Natural Order (Perspectives on Democratic Practice. Routledge. 2001

Hoppe, Hans-Hermann: The Economics and Ethics of Private Property: Studies in Political Economy and Philosophy, 2nd Edition. Ludwig von Mises Institute. 2010

Hoppe, Hans-Herman: The Myth of National Defense: Essays on the Theory and History of Security Production. Ludwig von Mises Institute. 2003

Horwitz, Steve: Hayek's Modern Family: Classical Liberalism and the Evolution of Social Institutions. Palgrave Macmillan. 2015

Howden, David and Joseph T. Salerno (eds.): The Fed at One Hundred: A Critical View on the Federal Reserve System. Springer. 2014

Huebert, Jacob H.: Libertarianism Today. Praeger 2010

Huerta de Soto, Jesus: Money, Bank Credit, and Economic Cycles. Ludwig von Mises Institute. 2012

Hülsmann, Jörg Guido and Stephan Kinsella (eds.): Property, Freedom, and Society: Essays in Honor of Hans-Hermann Hoppe (LvMI). Ludwig von Mises Institute 2011

Hülsmann, Jörg Guido: The Ethics of Money Production. Ludwig von Mises Institute. 2008

Humboldt, Wilhelm von: The Sphere and Duties of Government (The Limits of State Action). Martino Fine Books. 2014

Illich, Ivan: Deschooling Society (Open Forum S). Marion Boyars Publishers Ltd; New edition edition. 2000

Illich, Ivan: Limits to Medicine: Medical Nemesis, the Expropriation of Health. Marion Boyars Publishers Ltd; Revised ed. Edition. 2000

Infantino, Lorenzo: Individualism in Modern Thought: From Adam Smith to Hayek (Routledge Studies in Social and Political Thought). Routledge 2014

Irwin, Douglas A.: Against the Tide. An Intellectual History of Free Trade. Princeton University Press. 1996

Joshi, Vijay: India's Long Road: The Search for Prosperity. Oxford University Press. 2017

Juma, Calestous: Innovation and Its Enemies: Why People Resist New Technologies. Oxford University Press. 2016

Kant, Imanuel and H.S. Reiss (ed). Kant: Political Writings (Cambridge Texts in the History of Political Thought). Cambridge University Press. 1991

Kealey, Terence: The Case Against Public Science. Cato Unbound. August 2013

Kealey, Terence: The Economic Laws of Scientific Research. Palgrave Macmillan. 1996

Kengor, Paul: The Politically Incorrect Guide to Communism (The Politically Incorrect Guides). Regnery Publishing 2017

Kenny, Charles: Getting Better: Why Global Development Is Succeeding - And How We Can Improve the World Even More. Basic Books. 2012

Keynes, John Maynard: The General Theory of Employment, Interest and Money: With the Economic Consequences of the Peace (Classics of World Literature). Wordworth Editions 2017

Kinsella, Stephan: Against Intellectual Property. Ludwig von Mises Institute. 2015

Kirzner, Israel: Competition and Entrepreneurship (The Collected Works of Israel M. Kirzner). Liberty Fund. 2013

Knight, Frank: Risk, Uncertainty and Profit. Martino Fine Books. 2014

Kocka, Jürgen: Capitalism. A Short History. Princeton University Press. 2017

Kroeber, Arthur A.: China's Economy: What Everyone Needs to Know. Oxford University Press. 2016

Kuehnelt-Leddihn: Eric Ritter von: Liberty or Equality: The Challenge of Our Times. The Ludwig von Mises Institute. 2014

Kuehnelt-Leddihn: Eric Ritter von: Menace of the Herd or Procrustes at Large. Ludwig von Mises Institute. 2012

Kurer, Oskar: John Stuart Mill (Routledge Revivals): The Politics of Progress. Routledge 2018

Kurer, Oskar: The Political Foundations of Development Policies. UPA Publishers 1996

Kurlansky, Mark: Nonviolence: The History of a Dangerous Idea (Modern Library Chronicles). Modern Library 2008

Kurzweil, Ray: The Singularity Is Near: When Humans Transcend Biology. Penguin Books. 2006

Lavoie, Don: Rivalry and Central Planning. The Socialist Calculation Debate Reconsidered (Advanced Studies in Political Economy). Mercatus Center at George Mason University. 2015

Leeson, Peter: Anarchy Unbound: Why Self-Governance Works Better Than You Think (Cambridge Studies in Economics, Choice, and Society). Cambridge University Press. 2014

Leonard, Thomas C.: Illiberal Reformers: Race, Eugenics, and American Economics in the Progressive Era. Princeton University Press. 2017

Legutko, Ryszard: The Demon in Democracy: Totalitarian Temptations in Free Societies. Encounter Books. 2016

Lenin, Vladimir Ilich: State and Revolution. Martino Fine Books. 2011

Leoni, Bruno: Freedom and the Law. Liberty Fund. 1991

Lerch, Hubert: An Introduction to Political Philosophy. CreateSpace Independent Publishing Platform. 2011

Levin, Mark R.: Rediscovering Americanism: And the Tyranny of Progressivism. Threshold Editions. 2017

Levitsky, Steven and Daniel Zieblatt: How Democracies Die. Crown 2018

Lewis, Hunter: Economics in Three Lessons and One Hundred Economics Laws: Two Works in One Volume. Axios Press. 2017

Lewis, Hunter: Where Keynes Went Wrong: And Why World Governments Keep Creating Inflation, Bubbles, and Busts. Axios Press. 2009

Lilla, Mark: The Once and Future Liberal: After Identity Politics. Harper. 2017

Lindsay, Brink: The Age of Abundance: How Prosperity Transformed America's Politics and Culture. Harper Business Reprint edition. 2008

Lingle, Christopher: The Rise and Decline of the Asian Century: False Starts on the Path to the Global Millennium. Bookworld Services. 1998

Lingle, Christopher: The Rise and Decline of the Asian Century: False Starts on the Path to the Global Millennium. Bookworld Services. 1998

Machaj, Mateusz: Money, Interest, and the Structure of Production: Resolving Some Puzzles in the Theory of Capital (Capitalist Thought: Studies in Philosophy, Politics, and Economics). Lexington Books. 2017

Mallaby, Sebastian: The Man Who Knew: The Life and Times of Alan Greenspan. Penguin Books. 2017

Maltsev, Yuri: Requiem for Marx. CreateSpace Independent Publishing Platform. 1993

Maltsev, Yuri: Mass Murder and Public Slavery: The Soviet Experience. The Independent Review 2017

Mandeville, Bernard: The Fable of the Bees and Other Writings (Hackett Classics). Hacket Publishing Company. 1997

Marx, Karl: Das Kapital: A Critique of Political Economy. CreateSpace Independent Publishing Platform. 2011

Marx, Karl and Friedrich Engels: The Communist Manifesto. International Publishers Co; New edition. 2014

McCaffrey, Matthew: The Economic Theory of Costs: Foundations and New Directions (Routledge Frontiers of Political Economy). Routledge 2017

McCloskey, Deirdre: The Bourgeois Virtues: Ethics for an Age of Commerce. University of Chicago Press. 2007

McGroarty, Emmett, Jane Robbins, and Erin Tuttle: Deconstructing the Administrative State. Liberty Hill Publishing. 2017

McLuhan, Marshall: The Gutenberg Galaxy. University of Toronto Press, Scholarly Publishing Division. 2011

Menger, Carl: Principles of Economics. CreateSpace Independent Publishing Platform. 2007

Mencken, H. L.: Notes on Democracy. CreateSpace Independent Publishing Platform. 2013

Mesquita, Bruce Bueno de and Alistair Smith: The Dictator's Handbook: Why Bad Behavior is Almost Always Good Politics. PublicAffairs. 2012

Mierzejewski, Alfred C.: Ludwig Erhard: A Biography. University of North Carolina Press. 2014

Mill, John Stuart: On Liberty, Utilitarianism and Other Essays (Oxford World's Classics). Cambridge University Press. 2015

Miller, Tom: China's Asian Dream: Empire Building along the New Silk Road. Zed Books. 2017

Mises, Ludwig von: Human Action. The Scholar's Edition. Ludwig von Mises Institute. 2010

Mises, Ludwig von: Liberalism. Liberty Fund. 2005

Mises, Ludwig von: Economic Calculation in the Socialist Commonwealth. Ludwig von Mises Institute. 2012

Mises, Ludwig von: Interventionism: An Economic Analysis (Lib Works Ludwig Von Mises PB). Liberty Fund. 2011

Mokyr, Joel: A Culture of Growth: The Origins of the Modern Economy (Graz Schumpeter Lectures). Princeton University Press 2016

Mokyr, Joel: Gift of Athena: Historical Origins of the Knowledge Economy. Princeton University Press 2014

Mokyr, Joel: The Lever of Riches: Technological Creativity and Economic Progress. Oxford University Press. 1992

Molyneux, Stefan: Practical Anarchy. The Freedom of the Future. CreateSpace Independent Publishing Platform. 2017

Mueller, Antony P.: Bubble or New Era? Monetary Aspects of the New Economy. In: Birner, Jack and Pierre Garrouste (eds): Markets, Information and Communication: Austrian Perspectives on the Internet Economy (Routledge Foundations of the Market Economy). Routledge. 2003, pp. 249-261

Muller, Jerry Z.: The Tyranny of Metrics. Princeton University Press. 2018

Muller, Jerry Z.: The Mind and the Market: Capitalism in Western Thought. Anchor. 2003

Murphy, Robert: The Politically Incorrect Guide to the Great Depression and the New Deal (The Politically Incorrect Guides). Regnery Publishing. 2009

Murphy, Robert: Choice: Cooperation, Enterprise, and Human Action. Independent Institute. 2015

Molinari, Gustave de: The Production of Security. Edited by Richard Ebeling with an Introduction by Murray Rothbard. Create Space. 2009

Murray, Charles: In Our Hands: A Plan to Replace the Welfare State. AEI Press. 2016

Murray, Charles: By the People: Rebuilding Liberty Without Permission. Crown Forum. 2015

Murray, Charles: Losing Ground: American Social Policy, 1950-1980. Basic Books. 2015

Nietzsche, Friedrich: The Will to Power. Independently published. 2017

Niskanen, William A.: Reaganomics: An Insider's Account of the Policies and the People. Oxford University Press. 1988

Norberg, Johan: Ten Reasons to Look Forward to the Future. Oneworld Publication. 2017

North, Douglas C. and Robert Paul Thomas: The Rise of the Western World: A New Economic History. Cambridge University Press. 1976

North, Douglass C.: Institutions, Institutional Change and Economic Performance (Political Economy of Institutions and Decisions) Cambridge University Press. 1990

North, Gary: Mises on Money. Ludwig von Mises Institute. 2012

Novak, Michael and Paul Adams: Social Justice Isn't What You Think It Is. Encounter Books. 2015

Nozick, Robert: Anarchy, State, and Utopia. Basic Books Reprint. 2013

O'Driscoll, Gerald P. and Maria Rizzo: The Economics of Time and Ignorance. Routledge Foundations of the Market Economy. Routledge 1996

OECD (Organization for Economic Cooperation and Development: The Sources of Economic Growth in OECD Countries. OECD 2003

Oliver, Michael J.: The New Libertarianism: Anarcho-Capitalism. CreateSpace. 2013

Olson, Mancur: The Logic of Collective Action. Public Goods and the Theory of Groups. Second printing with new preface and appendix (Harvard Economic Studies). Harvard University Press. 1971

Oppenheimer, Franz: The State: Its History and Development Viewed Sociologically. (Classic Reprint). Forgotten Books. 2012

O'Rourke, P. J.: Parliament of Whores: A Lone Humorist Attempts to Explain the Entire U.S. Government. Grove Press. 2003

O'Rourke, P. J.: Eat the Rich: A Treatise on Economics. Atlantic Monthly Press. 1999

Ortega y Gasset, José: The Revolt of the Masses. W. W. Norten & Company. 1994

Ostrom, Elinor: Governing the Commons: The Evolution of Institutions for Collective Action (Canto Classics). Cambridge University Press; Reissue edition. 2015

Ostrowski, James: Progressivism: A Primer on the Idea Destroying America. Cazenovia Books. 2014

Palmer, Tom: Realizing Freedom: Libertarian Theory, History, and Practice. Cato Institute. 2014

Palmer, Tom G, Virginia Prostel, Brink Lindsey, and Tyler Cowen: Libertarianism. Past and Prospects (Cato Unbound Book 32007). Cato Institute. 2007

Parijs, Philippe Van and Yannick Vanderborght: Basic Income: A Radical Proposal for a Free Society and a Sane Economy. Harvard University Press. 2017

Paul, Ron: End the Fed. Grand Central Publishing. 2010

Paul, Ron: Revolution. A Manifesto. Grand Central Publishing. 2009

Pesek, William: Japanization: What the World Can Learn from Japan's Lost Decades. Wiley 2014

Phelps, Edmund. Mass Flourishing. How Grassroots Innovation Created Jobs, Challenge, and Change. Princeton University Press. 2015

Pilling, David: The Growth Delusion: Wealth, Poverty, and the Well-Being of Nations. Tim Duggan Books. 2018

Pinker, Steven: Enlightenment Now: The Case for Reason, Science, Humanism, and Progress. Viking 2018

Pinker, Steven: The Better Angels of Our Nature: Why Violence Has Declined. Penguin Books. 2012

Postrel, Virginia: The Future and Its Enemies: The Growing Conflict Over Creativity, Enterprise. Free Press. 2011

Powell, Benjamin: Out of Poverty: Sweatshops in the Global Economy (Cambridge Studies in Economics, Choice, and Society). Cambridge University Press. 2014

Powell, Jim: FDR's Folly: How Roosevelt and His New Deal Prolonged the Great Depression. Crown Forum. 2004

Powell, James and Paul Johnson: The Triumph of Liberty: A 2,000 Year History Told Through the Lives of Freedom's Greatest Champions. Free Press. 2000

Qui, Insula: Capitalism Works. Independently published. 2018

Rachels, Chase and Christopher Chase Rachels: A Spontaneous Order: The Capitalist Case for a Stateless Society. CreateSpace Independent Publishing Platform. 2015

Raico, Ralph: Classical Liberalism and the Austrian School. CreateSpace Independent Publishing Platform. 2012

Raico, Ralph: Great Wars and Great Leaders: A Libertarian Rebuttal. Ludwig von Mises Institute. 2015

Ratner-Rosenhagen, Jennifer: American Nietzsche: A History of an Icon and His Ideas. University of Chicago Press; Reprint edition. 2012

Rawls, John: Justice as Fairness: A Restatement. Belknap Press: An Imprint of Harvard University Press. 2001

Rand, Ayn: Capitalism. The Unknown Ideal. Signet; Reissue edition. 1986

Reed, Lawrence R.: Great Myth of the Great Depression. Foundation for Economic Education. 2015

Reisman, George: Capitalism. A Treatise on Economics. TJS Books 1996

Reisman, George: The Government Against the Economy. Jameson Books. 1985

Reybrouck, David van: Against Elections. The Case for Democracy. Random House U.K. 2017

Reynolds, Morgan O.: Making America Poorer: The Cost of Labor Law. Cato Institute. 1987

Richman, Sheldon: America's Counter-Revolution: The Constitution Revisited. Grifien & Lash. 2016

Ridley, Matt: The Rational Optimist: How Prosperity Evolves. Harper Perennial. 2011

Rifkin, Jeremy: The Zero Marginal Cost Society: The Internet of Things, the Collaborative Commons, and the Eclipse of Capitalism. St. Martin's Griffin; Reprint edition. 2015

Ritenour, Shawn (ed.): The Mises Reader Unabridged. Ludwig von Mises Institute. 2016

Roberts, Paul Craig: The Tyranny of Good Intentions: How Prosecutors and Law Enforcement Are Trampling the Constitution in the Name of Justice. Crown. 2008

Rockwell, Llewellyn, H. Jr.: Against the State. An Anarcho-Capitalist Manifesto. Rockwell Communication. 2014

Rosenberg, Nathan and L. E. Birdzell: How the West Grew Rich: The Economic Transformation Of The Industrial World. Basic Books. 1987

Rosling, Hans, Anna Rosling Rönnlund, Ola Rosling: Factfulness: Ten Reasons We're Wrong About the World--and Why Things Are Better Than You Think. Flatiron Books 2018

Rothbard, Murray N.: Anatomy of the State. Bhpublishing. 2014

Rothbard, Murray N.: For a New Liberty. The Libertarian Manifesto. CreateSpace Independent Publishing Platform. 2006

Rothbard, Murray N.: What Has Government Done to Our Money? Ludwig von Mises Institute. 2015

Rothbard, Murray N.: Man, Economy, and State with Power and Market, Scholar's Edition. Ludwig von Mises Institute. 2011
Rothbard, Murray N.: America's Great Depression. Ludwig von Mises Institute. 2000
Rummel, Rudy J.: Death by Government: Genocide and Mass Murder Since 1900. Routledge 1997
Rummel, Rudy J.: The Blue Book of Freedom: Ending Famine, Poverty, Democide, and War. Cumberland House Publishing. 2007
Salerno, Joseph T.: Money: Sound and Unsound. Ludwig von Mises Institute. 2015
Say, Jean-Baptiste: A Treatise on Political Economy: Or the Production, Distribution and Consumption of Wealth. CreateSpace Independent Publishing Platform. 2013
Schiff, Peter: How an Economy Grows and Why It Crashes. Wiley. 2010
Schmitt, Carl: The Leviathan in the State Theory of Thomas Hobbes: Meaning and Failure of a Political Symbol (Heritage of Sociology). University of Chicago Press Ed Edition. 2008
Schmitt, Carl: The Concept of the Political: Expanded Edition Enlarged Edition with a Commentary by Leo Strauss. The University of Chicago Press. 2007
Schoolland, Ken: The Adventures of Jonathan Gullible. A Free-Market Odyssey. Liberty Publishing. 2011
Schumpeter, Joseph A.: Business Cycles: A Theoretical, Historical, and Statistical Analysis of the Capitalist Process (2 Vols.). Martino Fine Books. 2017
Schumpeter, Joseph A.: Can Capitalism Survive?: Creative Destruction and the Future of the Global Economy. Harper Perennial Modern Classics. 2009
Schumpeter, Joseph A.: Capitalism, Socialism, and Democracy: Third Edition. Harper Perennial Modern Classics. 2008
Schumpeter, Joseph A.: Essays: On Entrepreneurs, Innovations, Business Cycles and the Evolution of Capitalism. Routledge 1989
Schumpeter, Joseph A.: Theory of Economic Development (Social Science Classics Series). Routledge 1981
Schwab, Klaus and Nicholas Davis, Satya Nadella: Shaping the Fourth Industrial Revolution. World Economic Forum. 2018
Scruton, Roger: Fools, Frauds and Firebrands: Thinkers of the New Left. Bloomsbury Continuum. 2017
Selgin, George: Financial Stability without Central Banks. London Publishing Partnership. 2018
Selgin, George: Money: Free and Unfree. Cato Institute. 2017
Selgin, George: Less Than Zero. The Case for a Falling Price Level in a Growing Economy. CreateSpace Independent Publishing Platform. 2014
Selgin, George: The Theory of Free Banking. Rowman & Littlefield Publisher. 1988
Sen, Amartya: Development as Freedom. Anchor. 2000
Sévillia, Jean: Le terrorisme intellectuel (French Edition). Tempus Perrain. 2017

Shaffer, Butler: Boundaries of Order: Private Property as a Social System. CreateSpace Independent Publishing Platform. 2009

Shaffer, Buttler: The Wizards of Ozymandias: Reflections on the Decline and Fall. CreateSpace Independent Publishing Platform. 2012

Shlae, Amity: The Forgotten Man: A New History of the Great Depression Harper Perennial. 2008

Simon, Julian Lincoln: The Ultimate Resource 2. Princeton University Press. 1998

Sintomer, Yves: Das demokratische Experiment: Geschichte des Losverfahrens in der Politik von Athen bis heute (German Edition). Springer 2016

Smiley, Gene: Rethinking the Great Depression (American Ways). Ivan R. Dee Publisher. 2003

Smith, Adam: The Theory of Moral Sentiments. Digireads.com. 2010

Smith, Adam: The Wealth of Nations (Bantam Classics). Bantam Classics; Annotated edition. 2003

Snyder, Timothy: On Tyranny: Twenty Lessons from the Twentieth Century. Tim Duggan Books. 2017

Sombart, Werner: The Quintessence Of Capitalism: A Study Of The History And Psychology Of The Modern Business Man. Scholar Select. Andesite Press. 2017

Solzhenitsyn, Aleksandr: The Gulag Archipelago. The Harvill Press. 2003

Soto, Hernando de: The Mystery of Capital: Why Capitalism Triumphs in the West and Fails Everywhere Else. Basic Books. 2003

Sowell, Thomas: Basic Economics. Basic Books. 2014

Sowell, Thomas: Economic Facts and Fallacies. Basic Books. 2011

Sowell, Thomas: The Quest for Cosmic Justice. Free Press 2002

Spencer, Herbert: Social Statics: Or, The Conditions Essential to Human Happiness Specified and the First of them Developed. Nabu Press. 2011

Srinivasa, Bhu: Americana: A 400-Year History of American Capitalism. Penguin Press. 2017

Steil, Ben: The Marshall Plan: Dawn of the Cold War. Simon & Schuster. 2018

Steil, Ben: The Battle of Bretton Woods: John Maynard Keynes, Harry Dexter White, and the Making of a New World Order (Council on Foreign Relations Books). Princeton University Press. 2014

Stirner, Max: The Ego and His Own: The Case of the Individual Against Authority (Dover Books on Western Philosophy). Dover Publications. 2005

Stone, Peter: Lotteries in Public Life: A Reader (Sortition and Public Policy). Imprint Academic. 2012

Stringham, Edward Peter: Edward Stringham. Anarchy, State and Public Choice. Mercatus Center at George Mason University. 2018

Stringham, Edward Peter: Private Governance: Creating Order in Economic and Social Life. Oxford University Press. 2015

Susskind, Richard and Daniel Susskind: The Future of the Professions: How Technology Will Transform the Work of Human Experts. Oxford University Press. Reprint edition. 2017

Suvorov, Viktor: Icebreaker. Who Started the Second World War? PL UK Publishing. 2012

Taleb, Nassim Nicholas: Skin in the Game: Hidden Asymmetries in Daily Life. Random House 2018

Taylor, Frederick: The Downfall of Money: Germany's Hyperinflation and the Destruction of the Middle Class. Bloomsbury Press. 2015

Taylor, Mark Zachary: The Politics of Innovation: Why Some Countries Are Better Than Others at Science and Technology. Oxford University Press. 2016

Thiel, Peter: Zero to One: Notes on Startups, or How to Build the Future. Currency Publishers. 2014

Thornton, Mark: The Bastiat Collection. Ludwig von Mises Institute. 2017

Thornton, Mark: The Economics of Prohibition. Ludwig von Mises Institute. 2014

Tilly, Charles: Coercion, Capital and European States, A.D. 990 - 1992. Wiley-Blackwell. 1992

Tirole, Jean: Economics for the Common Good. Princeton University Press. 2017

Tooley, Hunt: The Great War: Western Front and Home Front. Palgrave 2015

Tucker, Jeffrey: A Beautiful Anarchy: How to Create Your Own Civilization in the Digital Age. Laissez Faire Books. 2012

Vance, Laurence M.: War, Empire, and the Military: Essays on the Follies of War and U.S. Foreign Policy. Vance Publications. 2014

Vedder, Richard: Going Broke By Degree: Why College Cost. AEI Press. 2004

Veryser, Harry C.: It Didn't Have to be This Way: Why Boom and Bust Is Unncessary - and How the Austrian School of Economics Breaks the Cycle (Culture of Enterprise).ISI Books.2013

Volcker, Paul and Toyoo Gyohten. Changing Fortunes. Crown. 1992

Walsh, Michael: The Devil's Pleasure Palace: The Cult of Critical Theory and the Subversion of the West. Encounter Books. 2017

White, Lawrence: The Clash of Economic Ideas: The Great Policy Debates and Experiments of the Last Hundred Years. Cambridge University Press. 2012

White, Lawrence: The Theory of Monetary Institutions. Wiley-Blackwell. 1999

White, Lawrence: Competition and Currency: Essays on Free Banking and Money. New York University Press. 1992

Wisniewski, Jakub: The Economics of Law, Order, and Action: The Logic of Public Goods (Routledge Advances in Heterodox Economics). Routledge. 2018

Williams, Walter E.: American Contempt for Liberty (Hoover Institution Press Publication). Hoover Institution Press 2015 Williams, Walter E.: Race & Economics: How Much Can Be Blamed on Discrimination?. Hoover Institution Press. 2011

Wolfram, Gary: A Capitalist Manifesto: Understanding The Market Economy And Defending Liberty. Dunlap Goddard. 2013

Woods, Thomas E.: Meltdown: A Free-Market Look at Why the Stock Market Collapsed, the Economy Tanked, and Government Bailouts Will Make Things Worse. Regnery 2009

Yergin, Daniel and Joseph Stanislaw: The Commanding Heights: The Battle for the World Economy. Free Press. 2002

Zelmanovitz, Leonidas: The Ontology and Function of Money: The Philosophical Fundamentals of Monetary Institutions (Capitalist Thought: Studies in Philosophy, Politics, and Economics). Lexington Books 2015

Über den Autor

Antony P. Mueller ist promovierter und habilitierter Wirtschafswissenschaftler der Universität Erlangen-Nürnberg, wo er von 1994 bis 1998 das Institut für Staats- und Versicherungswissenschaft in Erlangen leitete.

Er ist derzeit Professor für Volkswirtschaftslehre, insbesondere Makroökonomie und Internationale Wirtschaftsbeziehungen, an der brasilianischen Bundesuniversität UFS, wo er auch am ‚Zentrum für Angewandte Wirtschaftsforschung' in der Forschungsgruppe Volkswirtschaftliche Datenanalyse und am Doktorats-Programm für Wirtschaftssoziologie beteiligt ist.

Antony Mueller ist Ehrenmitglied des Mises Instituts Brasilien und associate scholar des Ludwig am Mises Institute USA.

Zu den Forschungsbereichen von Professor Dr. Mueller zählt u.a. die Österreichische Schule der Nationalökonomie, zu deren Weiterentwicklung er mit seinen Studien zur kapitalbasierten Konjunkturzyklustheorie beiträgt.

Von Antony P. Mueller ist jüngst erschienen: „Kapitalismus, Sozialismus und Anarchie. Chance einer Gesellschaftsordnung jenseits von Staat und Politik" (KDP 2021)

Autoren-FaceBook Page:
https://www.facebook.com/AntonyPMueller/

Amazon Autoren Page:
https://www.amazon.de/-/en/ANTONY-P.-MUELLER/e/B07BHF4RG8?ref_=dbs_p_pbk_r00_abau_000000

Twitter
https://twitter.com/AntonyPMueller

YouTube Kanal:
https://www.youtube.com/user/antonymueller

KAPITALISMUS OHNE WENN UND ABER

www.ingramcontent.com/pod-product-compliance
Lightning Source LLC
Chambersburg PA
CBHW021408210526
45463CB00001B/269